15,–

Vywamus/ Janet McClure:

Du hast die Wahl....

Vywamus/Janet McClure

Du hast die Wahl...

ch. falk-verlag

Aus dem Amerikanischen von
Anna-Christine Raßmann

Redaktion: Ch. Falk

Erstveröffentlichung

2. Auflage Oktober 1999

Titel des amerikanischen Manuskripts:
Understanding the Evolutionary Process

Umschlaggestaltung: Manuela Rosenkind

Satz: Indragni, Ascheberg-Herbern
Druck: F. Steinmeier, Nördlingen

Printed in Germany
ISBN 3-924161-15-1

Inhalt

Wer ist Vywamus?

Meine Freunde,

Ich, Djwhal Khul, habe die Ehre, euch Vywamus vorzustellen — ein großes Wesen, das zu uns gekommen ist, um in dieser entscheidenden und wunderbaren Zeit zu dienen, wo die Menschheit danach strebt, spirituelles Bewußtsein zu entwickeln, wo sie die veralteten Formen abstreift und in größerem Lichte in das Neue Zeitalter hineingeht. Viele geistige Lehrer erscheinen, damit dieser Übergang so schmerzlos und klar wie möglich und auf einer möglichst hohen Ebene vor sich gehen kann.

Vywamus ist ein Wesen von sehr hohem Bewußtsein. Er ist ein höher entwickelter Aspekt von Sanat Kumara, dem Logos unseres Planeten, der die Erde und alles, was auf und in ihr lebt, beseelt. Seine Aufmerksamkeit, sein Brennpunkt des Bewußtseins „hält" effektiv die Erde „zusammen". Vywamus stellt eine noch höhere Ebene dieses Bewußtseins dar. Man kann sagen, er ist das „Höhere Selbst", wie wir es manchmal nennen, oder die Seele von Sanat Kumara.

Um seine jetzige „Stellung" zu erreichen, wählte Vywamus die Kette physischer Inkarnationen — genau wie die Menschheit. Seine Wahl, sich in physischem Sein auszudrücken, fand vor Äonen von Jahren statt, und er lebte auf einem ähnlichen Planeten wie die Erde. Während seiner physischen Existenz erhielt er Gelegenheit, ein Kanal für höhere Energien zu sein. Er erlangte dadurch eine klare Wahrnehmung und ging rasch — nach nur siebenunddreißig Inkarnationen — in die geistige Sphäre über.

Jetzt hat er sich in seiner großen Liebe entschlossen, der Menschheit beizustehen. Ein außergewöhnliches Medium, Janet McClure, empfing dieses Lehrbuch, das er der Menschheit in Liebe schenkt.

Ich nehme diese Lehren dankbar an, meine Freunde, und bitte euch, dasselbe zu tun.

Djwhal Khul

Einleitung

Hast du dich nicht schon oft gefragt, warum es dich gibt? Warum du hier bist? Was der Sinn des Lebens ist? Ich sage dir: Du bist auf einer Entdeckungsreise — in einem Entwicklungsprozeß — du entdeckst und entwickelst das Sein.

Dieser Prozeß nämlich ist der Weg, zu entdecken, zu lernen, zu wachsen, Entwicklungsmöglichkeiten zu erkennen — bewußt zu werden.

Auf den folgenden Seiten möchte ich dich auf eine Reise mitnehmen, auf eine Reise durch die Weiten des Bewußtseins. Es ist eine Gelegenheit, die Gesamtheit des Seins, sei es manchmal auch nur begrifflich, tiefer zu erforschen. Für jene von euch, die sich mit der Frage beschäftigen: „Wer bin ich?" ist dieses Buch eine Chance, ihr Verständnis von sich selbst zu erweitern. Du fragst: „Was ist der Sinn des Lebens?", „Wozu dieser Entwicklungsprozeß?" Für dich habe ich das alles schreiben lassen. Es gibt ihn wirklich, diesen „Entwicklungs- oder Übergangsprozeß", durch den ich dich führen werde.

Ich werde des öfteren von dem Ursprung oder der Quelle des Lichts und Ihren Erscheinungsformen, oder besser, Ihrer Evolution sprechen, um dir einen Weg aufzuzeigen, wie du dich in das ganze Bild einordnen kannst. Versuche einmal, dies zuzulassen. Wenn du der Meinung bist, daß dies über deinen gegenwärtigen Erkenntnishorizont hinausgeht, dann wisse, daß das nicht wahr ist. Du bist ein Teil dieses Ursprungs und dieses Lichts.

Komm mit mir auf dieses spannende Abenteuer und überlasse dich diesem Entwicklungsprozeß. Es ist kein Zufall, daß dir dieses Buch in die Hände gefallen ist. Sieh es als eine Hilfe an, dein Verständnis zu erweitern. Was auch immer dich in dem Buch anspricht, laß es zu. Es mag manchmal ganz offensichtlich und banal sein, ein anderes Mal vielleicht recht subtil und nicht sofort verständlich, doch sei dir dessen bewußt, daß deine Seele dieses Buch zu dir gebracht hat, damit du lernen und in deinem Verständnis wachsen kannst.

Mit meiner ganzen Liebe
Vywamus

1. Was ist Evolution?

(Die Sieben Ebenen)

Laßt uns nun anfangen mit der Erforschung der Quelle oder des Ursprungs und seines Entfaltungsprozesses, der Evolution. Wir werden im einzelnen darauf zu sprechen kommen, wie sich die Einheit entwickelt oder entfaltet. Ich werde dir eine kleine „Geschichte" erzählen, wie ich den Anfang der Quelle verstehe — oder vielleicht war es auch nur eine neue Gelegenheit für Sie — wie dies alles geschehen sein mag.

Die Quelle „dachte". Das universelle Bewußtsein an seinem Ursprungspunkt suchte eine bestimmte Frage zu klären. Genauso wie jeder von euch sich manchmal über einen Bereich seines Lebens klar werden möchte, so sucht auch die Quelle dieses Verständnis. Vielleicht dachte sie Folgendes: Wie wird wohl diese ganz bestimmte Situation erscheinen, wenn Ich, als die Quelle, sie aus sieben verschiedenen Blickwinkeln gleichzeitig betrachte? Die Quelle überlegte. Sie reflektierte. Sie faßte zusammen. Sie erkannte. Sie beschloß. Die Quelle handelte.

Und damit begann ein Sieben-Punkte-Programm. Die Quelle aktivierte Teile Ihrer selbst (Göttliche Funken oder sich entwickelnde Bewußtseine) und sandte sie zu einem bestimmten Punkt hinaus, den wir die siebte Ebene der geistigen Sphäre nennen wollen. Diese Ebene war von der Quelle nur einen Schritt weit entfernt, nicht weit von ihrer eigenen Bewußtseinsebene. Von einigen dieser hierhin ausgesandten Funken oder Wesen kann man sagen, daß sie ein umfassendes Verstehen, einen universellen Blickwinkel haben. Nun hielten diese Funken, diese Teile des Ursprungs oder der Quelle, auf dieser Ebene gewissermaßen ein Muster ihrer selbst aufrecht, ihr wahres Wesen jedoch begann sich weiter und weiter auszudehnen. Es breitete sich aus und erreichte die Bereiche, die wir die sechste Ebene nennen, hinterließ dort ein Muster seiner selbst, dehnte sich aus und gelangte zur fünften Ebene, hinterließ dort wiederum ein Muster seiner selbst und breitete sich weiter und weiter aus, zur vierten, dritten, zweiten und ersten Ebene. Diese sieben Ebenen nennen wir die geistige oder spirituelle Sphäre. Das war der Beginn der Involution, der Entfaltung der Quelle in immer dichtere Materie.

Nun war der Ursprung immer noch eifrig bemüht, zu lernen. Um sich über diese siebenfache Aufteilung hinaus weiter auszudehnen, war ein größerer Verzweigungs- oder Teilungspunkt notwendig, und zwar wegen der speziell ausgeprägten Natur des Seins, die die Quelle für diese Erforschung geschaffen hat, sozusagen zur intellektuellen Übung. Nachdem Sie sieben Ebenen erforscht, dort jeweils ein Muster Ihrer selbst hinterlassen hatte, wurde Sie sich eines Teilungspunktes bewußt und des Bedürfnisses, sich weiter auszudehnen.

An diesem besonderen Punkt wurde die Ausdehnung in gewissem Sinne sehr konzentriert. Die Quelle drang nun in Bereiche vor, die ziemlich verschwommen und nebelhaft waren, und Sie versuchte, in klarer und fester gefügte Bereiche zu gelangen. Und so sehen wir, wie sich die Quelle durch das ausbreitet, was wir die astrale Sphäre nennen, die sich wieder in sieben Ebenen aufgliedert. An einem weiteren Teilungspunkt angelangt, begann wieder eine siebenfache Aufteilung und Ausdehnung in konkretere Räume oder Bereiche, die wir als physisches Sein bezeichnen.

Ist euch schon aufgefallen, daß ich bis jetzt erst drei Sphären mit jeweils sieben Ebenen erwähnt habe, wo es doch in Wahrheit insgesamt vier Sphären gibt? Wir wollen vielleicht mit diesen dreien beginnen und dann die vierte erforschen, die mentale Sphäre, und zwar viel ausführlicher als die anderen. Ich hebe gewissermaßen das Beste bis zuletzt auf.

Die siebenfache Aufteilung aus dem ersten Teil unserer Geschichte wird als spirituelle Sphäre bezeichnet. Viele von euch, die diese Zeilen lesen, wissen, daß Djwhal Khul dieses Mal versucht hat, seine Lehren in vereinfachter Form darzustellen. Ich möchte ihm dafür danken. Es war wirklich hilfreich, allen deutlich zu machen, daß die geistige Sphäre etwas enthält, was *Monade* genannt wird, den Göttlichen Funken oder die Seele — ohne tiefer auf die anderen Aspekte der Aufteilung einzugehen. Durch diese Aufteilung konntet ihr sehen, daß die geistige Sphäre viel größer ist, als vorher angenommen wurde, ohne sich zu intensiv mit bestimmten weiteren Unterteilungen zu beschäftigen, die nur vom eigentlichen Ziel ablenken würden.

Ich, Vywamus, entwerfe jetzt ein Bild des Seins aus der Sicht der Quelle, zumindest soweit ich es von meinem Verständnis aus kann. Werfen wir also daher einen Blick auf die Entfaltung der Quelle, Ihre Suche, den Brennpunkt Ihrer Aufmerksamkeit. Und ich möchte euch die wahren — von diesem Standpunkt aus gesehen — Entfaltungsmöglichkeiten zeigen, die die Quelle und Ihre Brennpunkte des Bewußtseins als Ausdrucksformen der Evolution benutzen.

Wenn wir uns jetzt dieser geistigen Ebene zuwenden, müßt ihr euch wirklich bemühen, jegliche physische Assoziation zu transzendieren. In keinem Bereich der geistigen Sphäre existiert irgendeine Art von physischer Empfindung. Dort gibt es keine Sprache, kein Riechen, kein Hören und auch kein Schmecken und Fühlen im physischen Sinne. Es gibt jedoch Äquivalente dazu in der geistigen Sphäre. Aber man muß das Physische soweit wie möglich hinter sich lassen und im Auge behalten, daß wir es bei der Betrachtung des Geistigen mit dem schöpferischen Prozeß der Quelle selbst zu tun haben. Richtig gesehen, läßt sich dieser kreative Prozeß mit dem Schöpfungsprinzip selbst gleichsetzen. Damit meine ich, daß *die Quelle ist.* Sie strebt immer danach, zu sein und sich zu entwickeln, und diese sieben höchsten Seinszustände haben eher mit dem innewohnenden Drang *zu sein* zu tun als mit irgend etwas Physischem.

Man mag vielleicht fragen: „Findet dieser Denkprozeß der Quelle in der mentalen Sphäre statt? Beschäftigen wir uns damit hier?" Genau das ist es, was ich gerade diskutiere. Als ich sagte, wir heben uns das Beste für zuletzt auf, meinte ich wirklich die mentale Sphäre und ihre sieben Unterteilungen. Dieser Bereich ist für mich der vielleicht aufschlußreichste, wenn man verstehen will, wie das ganze Sein zusammengesetzt ist und funktioniert. Kannst du sehen, daß wir, wenn wir jetzt in allen Einzelheiten vier Sphären betrachten, jede davon in sieben Ebenen unterteilt, ein klares und detailliertes Bild von der Quelle, dem Ursprung des Seins, bekommen? So sollten wir jedenfalls in der Lage sein, unser begriffliches Verständnis von der Evolution des Ursprungs oder der Quelle und uns selbst als einem Teil davon zu erweitern.

Ich sagte zuvor, daß die Quelle, in einem aktiven Zustand, von einem bestimmten Standpunkt aus das Sein betrachtete und beschloß, diesen Standpunkt auf umfassende Weise zu untersuchen. Dies ist der Beginn eines Kosmischen Tages, aber es handelt sich um etwas viel Grundlegenderes als einen gedanklichen Vorgang, auch wenn ich es wirklich damit verglichen habe. Es ist wieder dieser schöpferische Drang, zu *sein,* zu erforschen und sich weiter zu entwickeln, der zum eigentlichen Wesen der Quelle selbst gehört. So begann diese ganz grundlegende Aktivität der Schöpfung eines Kosmischen Tages. In gewissem Sinne gab es vor diesem Anfang noch einen Anfang, an dem die Quelle alle kommenden Kosmischen Tage beschloß und festlegte, welche Einzelheiten an jedem Kosmischen Tag erforscht werden sollten. An *diesem* Kosmischen Tag ist „Mut" das Thema, das die Quelle untersucht.

Ich habe schon gesagt, wie die Quelle voranschreitet, wie sie sich von einer Ebene zur nächsten vorwärtsbewegt und jeweils ein Muster Ihrer selbst hinterläßt. Nun werden nicht alle Teile Ihrer selbst gleichzeitig ausgesandt. Ich meine damit, daß sie potentiell vorhanden sind, aber noch nicht aktiv, denn es handelt sich um eine fortlaufende Welle; und an jedem spezifischen Punkt werden immer neue Teile der Quelle ausgesandt. Die Evolution der Quelle geschieht also immer an allen Punkten der Entwicklung. Und das ist wichtig, denn die Quelle wächst und lernt und wird, von einer vollständigen und umfasssenden Sicht der Evolution aus gesehen, auf ausgewogene Art und Weise durch das jeweilige Thema, das an jenem Kosmischen Tage erforscht wird.

Wir können sagen, daß viele Teile der Quelle, viele göttliche Funken, von der siebenten Ebene bis zur ersten Ebene der nächsten Sphäre der Erfahrung (der mentalen) gegangen sind, denn die Quelle geht durch sieben Ebenen der geistigen Sphäre, sieben Ebenen der mentalen Sphäre, sieben Ebenen der astralen Sphäre und in gewisser Weise durch sieben Ebenen von physischen Möglichkeiten. Wir können sagen, daß ein göttlicher Funke, wenn er sein Muster auf allen sieben Ebenen der geistigen, der mentalen, der astralen und der physischen Sphäre hinterlassen hat, sich so weit ausgedehnt hat, wie das physische Sein es zu dieser Zeit erlaubt, so weit, wie die Entfaltung des Kosmischen Tages es gestattet.

Wenn dieser göttliche Funke seine Evolution oder Rückkehr zum Geistigen antritt, beginnt er, die göttlichen Möglichkeiten oder das, was ich Energiemuster genannt habe, zu aktivieren, die er im Prozeß der Involution auf jeder der von ihm durchlaufenen Ebene hinterlassen hat. Auf der dritten Ebene der physischen Sphäre kehrt der Funke um und beginnt die sogenannte Evolution, und das ist der Aufruf, der das nächste Muster, die nächste Ebene aktiviert. In der physischen Existenz führt also auf der dritten Ebene der Evolutionsprozeß dazu, daß man das Energiemuster der vierten Ebene aktiviert. Diese Ebene wird dem göttlichen Funken zugänglich, während er sich noch im physischen Sein befindet. Das Fortschreiten auf die vierte Ebene beginnt die fünfte Ebene zu aktivieren, wachzurufen; wenn diese Ebene vollständig erreicht ist, wird mit der sechsten Ebene begonnen und so fort.

Wenn der göttliche Funke wieder die siebente oder höchste Ebene des Physischen erreicht hat, geschieht etwas sehr Interessantes. Durch seinen Prozeß im physischen Sein hat er sehr viel gelernt, und er beginnt jetzt wirklich zu sehen, daß er auf jeder Ebene Energiemuster hat, daß er alle diese Ebenen, einschließlich der Ebene der Quelle selbst, *ist*. Er beginnt zu sehen, daß er die Illusion, den verschwommenen Kontakt des astralen Jetzt nicht braucht. Vorher wird die astrale Ebene für die Funken auf der physischen Ebene als innerer Bezugspunkt benutzt, während sie schlafen. Alle, bis etwa zur fünften Ebene, glauben wirklich, daß sie Schlaf oder diesen Kontakt mit dem Astralen zum Überleben brauchen. Wenn man an der Schwelle steht, jenseits derer der ganze Kosmos liegt, alles Sein, das über das Phyische hinausgeht, dann mag diese Illusion des Astralen dort noch eine Weile drohend vor Augen stehen. Wenn jedoch der Durchbruch zur siebenten Ebene erreicht ist, beginnt man, viel mehr als zuvor die Ganzheit seiner selbst zu sehen. Man kehrt in gewissem Sinne wieder auf die Anfangsebene der Mentalsphäre zurück, selbst wenn man diese vielleicht schon viel ausführlicher erforscht hat, und man kehrt auch noch einmal auf etwa die dritte Ebene der geistigen Sphäre zurück.

Was ist nun mit Ebene eins und zwei der mentalen Sphäre? Sie werden gleichzeitig mit der fünften und sechsten physischen Ebene erforscht, wo man gewöhnlich auch die entsprechenden astralen Ebenen untersucht. Du siehst, es gibt da kein Entweder-Oder. Wenn wir hier sagen, daß man eine bestimmte Ebene geistig erforscht, während man eine andere Ebene physisch erkundet, ist das also eine Verallgemeinerung. Jede Regel hat immer auch Ausnahmen. So gibt es zum Beispiel jene Funken, die in ihrer Bewußtheit ziemlich schnell durchgebrochen sind und so in chronologisch kürzerer Zeit eine andere Ebene erreicht haben. Ich würde sagen, daß die Seelen-Ebene mit dem, was ich als die erste und zweite Ebene der geistigen bzw. spirituellen Sphäre bezeichne, gleichgesetzt werden kann.

Man könnte die verschiedenen Ebenen innerhalb jeder Sphäre wie folgt beschreiben:

****

DIE PHYSISCHE SPHÄRE

Ebenen 1-2
Diese Schwingung wird als Umkehr- bzw. Verankerungspunkt benutzt. Die Schwingung ist von ziemlich schwerer Art und kann von der in physischer Struktur inkarnierten Göttlichkeit nicht aufrechterhalten werden.

Ebene 3
Der Punkt, an dem Involution zu Evolution wird. Ein Eindringen in das Sein, das das Engagement der Göttlichkeit für die Materie schärft und das erkundet wird, bis die

Invokation auf der vierten Ebene begonnen hat, den Evolutionsprozeß in Gang zu setzen.

Ebene 3 ist, wenn man so will, das physische Tor, der physische Punkt, jenseits dessen ein schweres, nichtphysisches Schwingungsmuster liegt, das ankert und zieht.

Jede sich verkörpernde Göttlichkeit erreicht die dritte Ebene und erforscht von dieser Ebene aus die erste und zweite nur im Bewußtsein. Eine Ausnahme bilden jene, die sich (bewußt) für einen von der Göttlichkeit abgeschnittenen Zustand entscheiden und ermöglichen, daß zwischen der ersten und zweiten physischen und der ersten und zweiten astralen Ebene eine Brücke entsteht. Solche göttlichen „Abtrünnigen" können sich in diesem Schwingungsbereich verlieren, der nie dazu gedacht war, von zwei Existenzsphären überbrückt zu werden. Damit sage ich euch etwas Neues, das im allgemeinen nicht mitgeteilt wurde. Wenn man diese Wesen erreichen und bewirken kann, daß der physische Teil ihres Seins die höhere Ebene anruft, dann wird das die Brücke zwischen der physischen und der astralen Sphäre durchbrechen und ihnen ermöglichen, aus ihrem selbstgewählten Exil herauszukommen.

Ebene 4

Die Ebene, auf welcher die Göttlichkeit die „Geburt" ganzheitlichen Sehens über das Offensichtliche hinaus erfährt. Man wird sich bewußt, daß es viel mehr gibt als das physische Sein, daß man selbst viel mehr *ist* als nur ein physisches Wesen.

Ebene 5

Die fortgesetzte Entwicklung der inneren „Schau"; der göttliche Funke fährt fort, seine Wahrnehmung, die über das Physische hinausreicht, zu integrieren.

Ebene 6
Der Punkt, wo man beginnt, über den physischen/ selbstzentrierten Ansatz hinaus, der zuvor als Werkzeug, als Anstoß für die Evolution nötig war, einen Blick auf universelle Konzepte zu erhaschen. Dies wird als Schlüsselpunkt für den vollständigen bedingungslosen Dienst am Kosmischen Plan erkannt.

Ebene 7
An diesem Punkt seiner Evolution integriert der göttliche Funke seine Erfahrungen der astralen Sphäre in seinen physischen Rahmen und dehnt sich selbst konzeptuell bis auf etwa die dritte Ebene der geistigen/spirituellen Sphäre aus.

Diese Ebene ist also eine Brücke zur vollständigen Entfaltung der sieben Ebenen der geistigen Sphäre. Zuvor wurden Ebene 1 und 2 der geistigen Sphäre in Zusammenhang mit dem Physischen erkundet. Das heißt, daß man an diesem Punkt eine Ahnung bekommt, daß man selbst ein weitreichendes Erkundungsvehikel der Quelle ist. Es ist nicht nur ein konzeptuelles Verstehen (das Konzept kann schon viel früher verstanden worden sein), sondern es wird auch bis zu dem Punkt realisiert, wo der eigene Dienst am Kosmischen Plan diese göttliche Möglichkeit tatsächlich auch einschließt.

Zusammenfassend kann man die physische Sphäre als eine Erfahrung auf vielen Ebenen bezeichnen, die der Göttlichkeit ermöglicht, innerhalb eines bestimmten Vehikels den Prozeß des Hinausgehens zu erforschen, der dann als Rückkehr- oder Evolutionsprozeß verfügbar ist.

DIE ASTRALE SPHÄRE

Ebenen 1-2
Ein Bereich, wo Schwingungspunkte aufbewahrt werden, die die Quelle später wieder in sich aufnehmen wird.

Ebene 3
Ein verschwommener Bereich von schwerer Schwingung, die sich mit der physischen Entsprechung, die ihr Gegenpol ist, verändert.

Ebene 4
Der Punkt, wo die nächsten physischen Ereignisse, die durch das Massenbewußtsein geschaffen wurden, in formativem Zustand warten. Einige dieser Ereignisse werden dann durch die dritte und vierte physische Ebene abgerufen, andere nicht. Alle Möglichkeiten, die abgerufen werden können, sind jedoch in dieser Ebene enthalten.

Ebene 5
Enthält ebenfalls höhere physische Möglichkeiten, die von der vierten und manchmal fünften Ebene der physischen Sphäre aus abgerufen werden können.

Ebenen 6-7
Bestimmte Punkte, wo man in physischer Existenz, während der Körper schläft, mit geistigen Wesen lernt. Diese beiden Ebenen und ein Teil der fünften sind eigentlich diejenigen, an die du dich aus Träumen erinnern kannst, wo du an einer Unterrichtsstunde teilgenommen oder einen bestimmten geistigen Lehrer getroffen hast.

Die höhere astrale Sphäre ist ein Begegnungsort zum Zwecke der Unterweisung jedweder Art. Sie enthält die Möglichkeit der Schwingungserweiterung, die sie für diesen

Zweck besonders geeignet macht. Viele Wesen verbringen ausgedehnte Perioden nicht von Zeit, aber von Energiekonzentration auf diesen höheren Ebenen. Am besten geeignet sind sie vielleicht für jene, die ihre „innere Schau“ noch nicht so weit entwickelt haben, wie es auf der sechsten und siebten Ebene der physischen Sphäre der Fall sein wird. Diese höchsten astralen Ebenen stehen immer zur Verfügung, wenn jemand die höheren Ebenen der geistigen Sphären anruft und geistige Einstimmung sucht. Man wächst gewissermaßen nie über sie hinaus. Sie dienen als Lehreinrichtung.

****

DIE MENTALE SPHÄRE

Die mentale Sphäre ist die eigentlich schöpferische Sphäre. In ihr bewegen sich die spezifischen Schwingungen, um die Evolution der Quelle zu erschaffen. Wir können sie von mehreren Ebenen aus und auf verschiedene Weisen betrachten und uns ziemlich ausführlich mit ihren ganz besonderen Eigenschaften befassen. Zunächst wollen wir uns jedoch über die Ebenen 1 bis 7 informieren, auf die wir dann bei der Interpretation der anderen Sphären Bezug nehmen können.

Ebene 1
Ein Fokus, in dem die schöpferische Energie ihr Potential sammelt. Der Fokus rührt die Energien der Schöpfung auf, weckt die Erwartung, daß die Schöpfung jetzt beginnt. Es ist die Energie, die zum Beginn des schöpferischen Prozesses ruft.

Ebenen 2-3

Diese mentalen Brennpunkte sind der schöpferische Prozeß, der hinausgeht und dem begegnet, was er aufgerufen hat. Die schöpferischen Vorgänge haben einen bestimmten Schwingungssog erzeugt, und die schöpferischen Energien gehen jetzt hinaus, um den selbstschöpferischen Drang zu erfüllen. Das klingt wie ein Kreislauf, und so ist es auch. Es bedeutet, daß die Mittel zum Erschaffen ständig gegenwärtig sind, weil man sie durch andere schöpferische Bemühungen, sei es auf dieser Ebene oder auf einer anderen, aufgerufen hat. Auf der zweiten und dritten Ebene ist das Mentale in Unterbewußtsein und Bewußtsein aufgeteilt. Die schöpferischen Bestrebungen werden auf dieser Ebene hauptsächlich vom unterbewußten Teil des Selbst wachgerufen.

Ebene 4

Dies ist der Beginn der Synthese von Unterbewußtsein und Bewußtsein, die mentale Vereinigung, wenn man bestrebt ist, das Werkzeug zum Dienen zu erschaffen, um sein Potential zu erfüllen. Das Selbst erschafft, und es wird an diesem Punkte fähig, viel klarer für die kosmische Entfaltung der Quelle zu arbeiten.

Ebene 5

Die Synthese wird immer vollständiger, und die mentalen Fähigkeiten sind jetzt von einer Kraft, die weit über die ziemlich automatischen Prozesse hinausreicht, die bis dahin ohne solche integrativen Bemühungen erschaffen wurden. Diese Ebene ist die höchste erreichbare für die Wesen, die noch physisches Sein erfahren. Das heißt natürlich nicht, daß ein geistiger Lehrer, der beschließt, auf die Erde zu kommen, keine höhere mentale Ebene zur Verfügung hat. Es bezieht sich auf die Wesen, die sich noch innerhalb einer physischen Struktur weiterentwickeln müssen.

Ebene 6
Ein Wesen, das in der mentalen Sphäre auf dieser Ebene arbeitet, zieht in Vorbereitung auf die letzte Ebene, wo die mentale Aktivität vollkommen auf die Quelle ausgerichtet ist, wirklich große Energiemengen an sich. Ein Wesen auf dieser Ebene sieht die mentale Bedeutung jeder Situation in riesigem Ausmaß oder Umfang, denn es ist auf beinahe unbegrenzte Weise zur Synthese, Projektierung und Auswertung des Ganzen befähigt. Diese Fähigkeit ist der Schlüssel, über den solch ein großes Wesen auf die letzte oder siebente Ebene gelangt.

Ebene 7
Die Ebene mentaler Aktivität für jene, die die Schöpfung für die Quelle repräsentieren und ausführen.

****

DIE GEISTIGE ODER SPIRITUELLE SPHÄRE

Ebenen 1-2
Diese sind mit dem gleichzusetzen, was Djwhal Khul die Seelen-Ebene genannt hat und was man sein Höheres Selbst nennt, das, was einem verfügbar ist, wenn man sich in physischer Existenz befindet. Geistige Ebenen sind wirklich, man könnte sagen, ein reineres Bewußtsein und interpretativ weniger an Trennung und Differenzierung gebunden.

Ebene 3
Ein Punkt, der nach ausführlicher Erforschung der Ebenen 1 und 2 aufgerufen/ aktiviert wird. Ein gemeinsamer Kontrollpunkt, der konzentriert, was bisher ein „weit auseinan-

dergezogenes" Bestreben war, etwas — und was? — zu tun. An diesem Punkt erkennt man absolut die Einheit, die Harmonie und Verbundenheit der göttlichen Bewegungsrichtung, die hinausgeht und den verwirklichten Zustand zurückbringt. Auf dieser Ebene beginnt das genaue Verständnis davon anzuklingen oder zu erwachen, *wie* diese Einheit geschaffen werden kann.

Ebene 4

Ein Punkt, wo man zum Brennpunkt für große Möglichkeiten der Synthese wird, wo man beginnt, in einem Ausmaß, das sich dem Universalen nähert, schöpferisch mit göttlichen Plänen und göttlicher Entfaltung zu arbeiten.

Ebene 5

Auf dieser Ebene wird die Synthese göttlicher Möglichkeiten in universalem Umfang fortgesetzt. Vielleicht wird, nachdem die Grundlagen entwickelt wurden, mit einer spezialisierten Schulung begonnen. Der universale Intelligenzfaktor wird hier zu dem Punkt entwickelt, wo nichts jemals mehr getrennt ist. An diesem Punkt erkennt man, daß das, was als „Getrenntheit" bezeichnet wurde, niemals mehr möglich ist.

Ebene 6

An diesem Punkt, über den ich jetzt nur theoretisch spreche, hat man mit bestimmten Brennpunkten innerhalb der Quelle zu tun, die weit über alle gegenwärtige Entwicklung hinausgehen. Das bedeutet wieder, daß die Synthese in die Einheit es dieser Einheit erlaubt, göttliche Möglichkeiten mitzuteilen, und diese werden dann weit über die gegenwärtige Stufe hinaus erforscht. Wesen, die diese Ebene noch nicht erreicht haben, erforschen die gegenwärtigen Einzelheiten, ein Großer jedoch, der auf dieser sechsten Ebene operiert, ermöglicht durch zielgerichtetes Hinausgehen, daß die Invokation großer Potentiale der Quelle diese Potentiale wachruft. An diesem Punkte ruft solch ein großes Wesen ein Muster für künftige Möglichkeiten der Quelle selbst ins Sein.

Ebene 7

Wenn alle Illusion der Getrenntheit schon längst vergangen ist, so steht auf dieser Ebene die Quelle selbst völlig undifferenziert in irgendeiner Form, die sich mit Worten bezeichnen ließe, vor uns. Ein Wesen, das auf dieser Ebene arbeitet, ist einfach ein Teil der Quelle, mit der Verantwortung und den Fähigkeiten, die die Quelle hat.

****

2. Warum deine Suche jetzt wichtig ist

Die Menschheit kommt in ihrer Entfaltung, in ihrer Evolution gut voran. Manchmal ist das nicht ohne weiteres zu erkennen, aber dennoch ist es so. Die Menschheit ist Teil einer Vielfalt von Formen, die sich physisch manifestieren, das heißt, das physische Leben manifestiert sich auf vielen Ebenen. Wir haben es, wenn man so will, in verschiedene Reiche aufgeteilt: das Mineralreich, das Pflanzenreich, das Tierreich, das menschliche Reich und auch das sogenannte Seelenreich. Das ist bei näherer Betrachtung recht interessant, denn es bedeutet, daß sich das physische Leben wirklich bis zu einem Punkt entwickeln kann, wo es solche physische Manifestation nicht mehr anstrebt.

Was geschieht dann? Was bedeutet das? Das wollen wir jetzt zusammen untersuchen. In der hierarchischen Regierung des Planeten gibt es einige Wesen, die jetzt in ihrer Entwicklung einen kritischen Punkt erreichen. Viele von ihnen erkennen, daß jede Art von physischer Existenz nunmehr zurückgelassen werden muß. Sie sind, selbst vom Standpunkt des Lehrers aus, fertig damit. Die einzige Ausnahme wird sein, wenn in ihrer „Zukunft" ein Aufruf ergeht und sie sich daraufhin entschließen, für einen bestimmten Zeitraum als antreibende Kraft zurückzukehren, um einen physischen Planeten auf eine neue Ebene zu heben, so, wie es gerade jetzt auf der Erde geschieht.

Viele der Lehrer in der Hierarchie beenden ihren Dienst. So wird es in dem Neuen Zeitalter auf der Erde viele neue Lehrer geben, die mit der Erde in ihrem neuen Entwicklungsstadium bestimmte Dinge vorhaben. Andere, die jetzt hier sind, werden im Neuen Zeitalter nicht mehr anwesend sein. Sie werden einen anderen Brennpunkt der Erfahrung und des Dienens gewählt haben. Wenn man sich diesem Punkte nähert, meine Freunde, läßt man die Bedürfnisse der individuellen Persönlichkeit vollkommen hinter sich. Das bedeutet nicht, daß die Individualität verlorengeht, sondern daß sie wieder als ein Teil der Vielfalt des Ganzen wahrgenommen wird, der nicht ich-bezogen ist. Natürlich versteht es sich von selbst, daß dieser Brennpunkt des Bewußtseins, den wir als unsere Individualität bezeichnen, existiert. Seine Bedürfnisse haben jedoch nur noch mit der Ganzheit und mit der entschlossenen Weiterentwicklung der schöpferischen Prinzipien zu tun.

Wenn man diese vollkommene Hingabe erreicht, nimmt die Schöpferkraft zu und wird immer besser verstanden. Heißt das nicht, daß diejenigen, die jetzt aus der physischen Umgebung auf eine neue Ebene übergehen, auf sehr grundlegende Weise die Evolution der Existenz selbst miterschaffen werden? Für mich heißt es das. Ein Wesen, das den Brennpunkt seines Bewußtseins auf eine bestimmte Ebene der physischen Sphäre eingestellt hat, kann zwar eine Ahnung von dem ganzen Bild bekommen, das ganze Panorama überblickt man jedoch erst, wenn man sich über das physische Sein hinaus begibt. Zumindest beginnt man zu erahnen, was das eigene Selbst und das schöpferische Prinzip miteinander zu tun haben könnten. Man sieht immer deutlicher, wie vielfältig und umfassend das schöpferische Prinzip wirkt, und erhascht einen Blick darauf, wie sich jeder Punkt, jedes kleine Bißchen an Schöpferkraft mit jedem anderen Punkt der Schöpfung zu einem großen Ganzen zusammenfügt.

Ich werde das schöpferische Prinzip so einfach besprechen wie irgend möglich, immer eingedenk dessen, daß schöpferische Prinzipien vielfältig sind, daß sie komplex, geschichtet, voneinander abhängig und miteinander verwoben sind, und das viel mehr, als irgend jemand von uns es sich zu diesem Zeitpunkt vorstellen kann. Wenn wir jedoch unsere Vorstellungen auseinandernehmen und gut miteinander vermischen, glaube ich, daß wir unser Ziel — besseres Verständnis — erreichen können.

Wir wollen also beginnen, das schöpferische Prinzip zu besprechen. Wir haben den Kosmischen Tag mit einem Gedicht verglichen, das von der Quelle des Lichts ausgesprochen, ausgesandt wurde. Aber wie geht das vor sich? Was meine ich mit „aussprechen, aussenden"? Das schöpferische Prinzip wirkt folgendermaßen: Von der Ganzheit, vom Mittelpunkt, den wir die Quelle nennen, geht ein Impuls, eine Schwingung aus. Wenn er „hinaustönt" oder sich, physikalisch gesehen, „hinausbewegt", gibt er dem sich ausdehnenden Ganzen, durch das er sich bewegt, Impulse. Der magnetische Effekt eines solchen kreativen Prinzips auf seiner höchsten Ebene beginnt nun, in das ganze Konzept des Seins, das „ausgesprochen" wurde, ein aktives Prinzip hereinzuziehen. Dieses aktive Prinzip teilt sich in zwei Teile — einen, der antreibend, und einen, der empfangender ist. Auf diese Weise wird das männliche und das weibliche Prinzip „geboren".

Dies ist der Anfang. Der schöpferische Wunsch, zum Ausdruck zu gelangen und Erfahrungen zu machen, hat eine Aktivierung bewirkt. Das schöpferische Konzept ist geboren worden. Nun ist dieser schöpferische Prozeß, der begonnen hat, erst eine Möglichkeit, aber diese Möglichkeit ist aktiv. Sie beginnt zu erforschen, was und wie sie sein könnte, und zwar überall, denn dies ist ja ein Anfang. Sie ist wohl ausgesandt und ausgesprochen worden, wartet jedoch noch auf ihren konzentrierteren und vielfältigeren Ausdruck.

Der schöpferische Drang der Quelle ist grenzenlos, unendlich und uneingeschränkt. Er ist ewig und allumfassend, und er bewegt und stimuliert sich selbst. Man könnte sagen, er dient im höchsten Sinne sich selber, denn er wird zu seiner eigenen Möglichkeit und bringt so in ständigem Werden, ständiger Bewegung sein Potential auf immer neuen Ebenen voran. Einfach dadurch, daß er aktiviert ist, entstehen Möglichkeiten, die in gewissem Sinne immer dagewesen sind und doch werden und wachsen, sind und waren und sein werden und potentiell verwirklicht werden.

Für einige von euch ist das vielleicht nicht klar; andere werden es mit ihrem inneren Wissen intuitiv erfassen. Die Möglichkeit für alles ist immer da, wird immer dasein und ist immer dagewesen. Das muß als Teil dessen angesehen werden, was wir das „Geheimnis" der Quelle selbst nennen. Denn bevor irgendetwas da war, gab es ein Gefühl, eine Möglichkeit für das, was sein sollte. Vor der Möglichkeit gab es den Wunsch der Quelle. Die Quelle war. Sie sah. Sie begann. Sie wurde. Sie ist die Quelle. Ihr innerstes Wesen sprach, und alle Schöpfung begann. Bevor Ihr Wunsch den Anfang hervorbrachte, war Sie schon. Sie war jedoch nur Möglichkeit.

Was war da, bevor auch nur die Möglichkeit da war? Viele von euch haben diese Frage gestellt. Viele haben darüber nachgedacht. Ich sage euch, es gab die Möglichkeit der Möglichkeit. Man könnte das in gewissem Sinne immer weiter zurückverfolgen bis zu einem Punkt, den wir als Beginn dieser bestimmten Ebene, dieser Seinsweise bezeichnen könnten. Das heißt natürlich, daß es andere Seinsweisen unserer Quelle gegeben haben muß. Es ist meiner Meinung nach nur ein Hinweis auf eine noch viel weitere und umfassendere Möglichkeit. Wer will sagen, wie viele Potentiale es gibt, während wir unaufhörlich zu verstehen versuchen, was begann, was war? Meiner Meinung nach, meine Freunde, könnte man ewig durch diesen

Prozeß der Möglichkeiten gehen. Man muß erkennen, daß es niemals einen Anfang im statischen Sinne gegeben hat. Der Neubeginn ist, wie ich schon früher in meinen Lehren gesagt habe, immer gegenwärtig und wird es immer sein.

Wir wollen nun zu dem Punkt zurückkehren, wo die Quelle gesprochen hat und Ihre Möglichkeiten in Erfahrung bringt. Die Teilung in die Erfahrungsweisen des aktiven Drängens und der passiven Empfänglichkeit hat stattgefunden. An diesem Punkt beginnt das schöpferische Prinzip seine Forschungsreise mit geteiltem Brennpunkt der Aufmerksamkeit. Das bedeutet nicht, daß die beiden Erfahrungsweisen nicht zusammenkommen können. Sie kommen zusammen. Aber das schöpferische Prinzip hat sich sozusagen spezialisiert, um bewußter, konzentrierter zu werden. Die Aufteilung trägt auch dazu bei, das Hinausgehen ausgewogener und harmonischer zu machen.

Wir befinden uns noch immer ganz am Anfang. Die Quelle beginnt, dem schöpferischen Drang Ausdruck zu verleihen, und wir sind erst am Ursprung dessen, was wir als den schöpferischen Fluß bezeichnen können. Am Ursprung des Flusses kann man zwei Wege einschlagen, und das tut die Schöpferkraft. Die beiden Wege vermischen sich jedoch, wie gesagt, auch. Es gibt Ziele, für die das schöpferische Prinzip beide Ströme, beide Bezugspunkte benutzen muß, um das umfassendste und passendste Bindeglied zu schaffen.

Die Schöpfung durchdringt den gesamten ideellen Entwurf. Die Schöpferkraft hat einen aktiven Zustand wachgerufen. In dem Maße, wie sie sich durch diesen ganzen ideellen Entwurf, der schon aktiv ist, hindurchbewegt, zieht ihr Magnetismus das an, was bereits in der Vorstellung existiert, und bringt es hervor. Man muß sehen, daß ein ideeller Entwurf alle Möglichkeiten bereitgestellt hat und daß die Schöpferkraft jetzt nur durch ihre elektrischen und magnetischen Eigenschaften aus diesem aktiven Potential das hervorzubringen braucht, was im Konzept bereits vorhanden ist. Sie stimuliert und ermöglicht in ihren verschiedenen Formen die Vereinigung oder Vermischung der Energie oder, vor dieser Vereinigung, deren Fluß, wie er für die jeweilige Ebene, den jeweiligen Brennpunkt innerhalb des gesamten Rahmens der Schöpfung angemessen ist. Jeder einzelne Brennpunkt des Konzepts wird von der aktiven Erschaffung des Rahmens stimuliert, und das schöpferische Prinzip, das sich hindurchbewegt, bewirkt, daß das, was zunächst aktive Möglichkeit war, voll zu einem Teil der Schöpfung wird.

Das erfolgt auf verschiedenen Stufen, und verschiedene komplexe Methoden werden dazu benutzt. Um euch nicht mit langen Erklärungen zu überfordern, will ich hier nur sagen, daß das schöpferische Prinzip in verschiedenen Stufen magnetische, ausstrahlende und elektrische Komponenten enthält, die sich vermischen und interagieren, und daß dies bewirkt, daß jeder spezifische Brennpunkt im ideellen Entwurf genau auf der Ebene reagiert, die er braucht, um sein ganzes Potential hervorzubringen. Ich will damit nicht sagen, daß dieses ganze Potential augenblicklich auf allen Ebenen realisiert wird. Es wird, wie es angemessen ist, schrittweise durch die schöpferischen Kräfte selbst entfaltet und in die aktive Möglichkeit eingefügt.

Wenn das schöpferische Drängen seine Möglichkeiten zu realisieren beginnt, findet eine ganz bestimmte Veränderung statt. Sein Potential teilt sich. Der empfangende Teil wird durch den schöpferischen Prozeß hinzugefügt, vervielfacht, geteilt und abgezogen. Was heißt das genau?

Ich versuche, den nächsten Schritt des schöpferischen Drängens mit einer Art Stapellauf, einem Hinausschießen zu vergleichen. Was geschieht bei einem Stapellauf oder deinem Abschuß? Die bisherige physische Position geht verloren, wird also abgezogen. Antriebskraft wird hinzugefügt. Die Geschwindigkeit wird vervielfacht. Du siehst, es wird abgezogen, hinzugefügt, vervielfacht und geteilt. Wie bei einem Stapellauf geteilt wird? Durch die Verteilung der Antriebskraft auf verschiedene Punkte.

Wenn man versteht, daß sich das schöpferische Drängen durch ein System, an dem viele Faktoren beteiligt sind, magnetisch und elektrisch intensivieren möchte, werden meine Worte vielleicht klarer. Wenn irgend etwas intensiviert wird, führt das zu einem Multiplikationsfaktor, der wiederum geteilt werden kann, wodurch die Ganzheit, die wir die Quelle des Lichts selbst nennen, ein immer umfassenderes und weiter werdendes Bewußtsein erschafft. Das heißt also, daß diese von der Quelle des Lichts geschaffene Intensivierung eine Strahlung erzeugt, die wiederum die magnetische Anziehung hervorruft, die zu einem Kreislauf zum Erschaffen einer immer größer werdenden Vielfalt wird. Gewissermaßen erweitert der schöpferische Prozeß durch seine eigenen Bemühungen und durch die Art und Weise, wie er seine eigenen Möglichkeiten wachruft, sich selbst.

Wir können dies einfacher erklären, wenn wir es mit dem Spiel auf einem Musikinstrument vergleichen, sagen wir, auf einer Orgel. Der Kosmische Tag beginnt mit einer bestimmten Intonation, einem bestimmten Klangmuster. Jede Note ertönt und wird innerhalb des Rahmens, der erforscht werden soll, zu allen anderen in Bezug gesetzt, mit ihnen vermischt, erweitert und wahrgenommen. Nach einer allumfassenden Übersicht über das Tonmuster beginnt der schöpferische Prozeß, die Tonübung zu verschönern, sie über das Grundmuster, das geschaffen wurde, hinaus zu erweitern, den Klang, den Ton auf andere Ebenen zu spiegeln, ihn mit verwandten Mustern in Harmonie zu bringen, die Möglichkeiten mit Hilfe der Erkenntnisse, die durch die Realisierung der Tonmuster gewonnen und erweitert wurden, auszudehnen. So führt die Interrelation der Schwingung selbst zu der notwendigen Erweiterung des konzeptuellen Bereiches, wodurch sich der schöpferische Rahmen ständig ausdehnt.

Man könnte sagen, daß es zu Beginn eines Kosmischen Tages ein Grundmuster, eine Grundschwingung gibt. Am Ende des Kosmischen Tages ist dieses Grundmuster auf einer Vielzahl von Ebenen und auf die umfassendste Weise, die möglich ist, verschönert, erweitert, wiederholt, gesteigert, intensiviert und erkundet worden. Die Quelle des Lichts hat an einem bestimmten Kosmischen Tag eine Prämisse aufgestellt und sie so vollständig erforscht, wie ihre konzeptuellen Möglichkeiten sich ausdehnen, vergrößern, vervielfachen, ausstrahlen und dann magnetisch stimulieren lassen. Der Ton erklingt. Er wird benutzt, um eine umfassende und immer vielfältiger werdende Schöpfung hervorzubringen, die so ihre eigenen ständig wachsenden Möglichkeiten realisiert und ihr Verständnis von sich selbst erweitert.

In dem Maße, wie der schöpferische Prozeß immer vielschichtiger wird, werden immer mehr Spiegelungen und spiegelnde Ebenen aktiviert. Die Erfahrungen müssen auf einen einzigen Brennpunkt zurückbezogen werden, der auf all diese vielschichtige Vielfalt ausstrahlt. Wir könnten seine Form mit einem Rad vergleichen. Es gibt einen Mittelpunkt, eine Radnabe. Von dieser Nabe aus strahlen die Speichen nach außen, und die Drehung des Rades läßt das, was im Mittelunkt begann, rotieren, sich entwickeln, wachsen, werden und das, was es war, reflektieren und daraus neues Verständnis und neue Erkenntnisse gewinnen. Die schöpferische Kraft multipliziert sich beim Hinausgehen. Sie wird zu einem sich ständig erweiternden

Potential dessen, was sie war. Sie will sich immer vergrößern. Sie lernt. Sie nimmt teil. Sie lauscht. Sie wird. Sie ist.

Die schöpferische Kraft kann erforscht werden. Jeder einzelne Brennpunkt in ihrer eigenen Entwicklung kann sie betrachten und untersuchen. Ich, Vywamus, habe mich in meinem Verlangen nach Verständnis geradezu auf die schöpferische Kraft spezialisiert. Ich möchte mein Verständnis von ihr ständig erweitern. So kann ich dann meine Erkenntnisse mit euch teilen. Sicherlich werde ich im Verlauf meiner weiteren Studien die schöpferische Kraft immer besser verstehen, und dann werde ich meine neuen Erkenntnisse mit euch besprechen. Aber in unserem Streben nach besserem Verständnis werden wir immer von da ausgehen, wo wir gerade stehen.

Für mich ist das Wichtigste, was man an der Evolution verstehen muß, daß sie einen immer erweitert, daß man ständig erkennen kann, daß es, je umfassender das eigene Verständnis wird, immer mehr zu verstehen gibt, und daß wirklich für euch wie für mich die Evolution gerade erst begonnen hat. Wir müssen uns immer weiter bemühen, die Schöpferkraft besser zu verstehen und etwas von ihr und über sie zu lernen, denn sie umfaßt viele Ebenen, viele Zentren und viele unerforschte Bereiche.

Auf der Erde benutzt ihr die Zeit, um eure Evolution und euer Lernen zu organisieren. Ihr habt die Zeit vielleicht noch nie unter diesem Aspekt betrachtet, aber sie ist euch auf der physischen Ebene wirklich als Werkzeug gegeben, als Mittel zum Entdecken. Während ihr lernt, lernt die Erde natürlich gleichzeitig mit, und jede Gelegenheit zum Lernen läßt euch wieder den nächsten Lernschritt erkennen.

Im Augenblick ist hier auf der Erde der nächste Lernschritt wirklich sehr klar, zumindest glaube ich das. Die Erde möchte sich selber und allen ihren Teilen (jedem von euch) ermöglichen, einander zuzulassen und zu vertrauen und durch eine liebevolle Haltung zum Leben Einheit auszudrücken.

Es ist jetzt Zeit, zu entdecken, wer ihr seid. Es ist Zeit, in einen toleranteren Standpunkt hineinzuwachsen; Zeit, zu sehen, wie ihr jedermann vertrauen könnt, ohne dadurch aus dem Gleichgewicht zu kommen; Zeit, eure vielen Fähigkeiten und Stärken zu nutzen; Zeit, andere zu führen und zu unterstützen; Zeit, euer göttliches Erbe und euer erwachendes Bewußtsein dankbar anzunehmen. Es ist jetzt Zeit, die Dinge durchzusehen und zu verstehen und loszulassen, was euch nicht mehr dienlich ist, und die Kräfte und Fähigkeiten hereinzulassen, die ihr zu sehen beginnt; es ist Zeit, bedingungslos zu dienen; Zeit, den Gruppenprozeß und euren Anteil daran zu verstehen; Zeit, zu euch selbst zu sagen: „Ja, ich erkenne, daß der Schlüssel zu dem Licht, das ich jetzt suche, darin liegt, im Hier und Jetzt zu sein."

Eure Erde spürt, daß diese Erkenntnis jetzt verfügbar ist, und erwartet von jedem von euch, daß ihr das realisiert, euch klärt und in eurem Verständnis wachst.

Für die Erde ist es deshalb absolut lebenswichtig, daß ihr euch *jetzt* auf die Suche macht. Das Jetzt der Evolution der Erde sagt: „Ich suche jetzt und entdecke die Schönheit, die Liebe, das Zulassen, die Hilfe bei dieser Suche. Ich werde das, was ich entdecke, in vollem Umfang und in Liebe jetzt an das Ganze zurückgeben."

3. Bewußt werden — der Prozeß der Selbstentdeckung

Mit der stetigen Weiterentwicklung der Evolution erweitert die Göttlichkeit ihr Bewußtsein auch in jedem Brennpunkt der Aufmerksamkeit, den sie gerade erfährt. Vielleicht hast du darüber noch nicht nachgedacht: daß aufgrund der Evolution die ständige Erweiterung der göttlichen Bewußtheit ein ständig erweitertes Programm des Seins möglich macht. Überlege einmal Folgendes: Die Göttlichkeit, die Quelle, der Urheber begann. Der Beginn ist nur ein bestimmter Punkt im Sein und bedeutet nicht unbedingt, daß es vorher nur das Nichts gab. Es war jedoch ein ganz besonderer Punkt der Erfahrung. Wir könnten sagen, daß die Quelle, das Bewußtsein des Schöpfers, an diesem Anfang einen Punkt erreichte, wo sie offensichtlich sehen konnte, daß sich das Sein erweitern kann.

Das ist eine interessante Behauptung, und vielleicht willst du einmal darüber nachdenken. An diesem speziellen Punkte der Bewußtseinseinstellung wurde die Erweiterung des Bewußtseins erkennbar. Ich wähle diese Worte sehr bedacht und meine damit, daß jedes Wesen, daß alles ein ganz bestimmter Brennpunkt der Aufmerksamkeit der Einheit ist und als solcher die Göttlichkeit auf einzigartige und individuelle Weise zum Ausdruck bringt. Etwas gibt es jedoch in jedem individuellen Brennpunkt der göttlichen Aufmerksamkeit immer, und das sind Punkte des Neubeginns — und das muß absolut im Plural stehen — an denen auf einmal das Ergebnis vielen Suchens und Lernens sichtbar wird. Die Lehrer haben das mit dem Erreichen einer neuen Verständnisebene verglichen.

Viele von euch haben schon solche Erfahrungen gemacht. Ihr müht euch ab und lernt und plötzlich, so kommt es euch vor, seht ihr das Leben auf ganz neue Weise, viel weiter, viel freier und fließender. Geschieht das wirklich plötzlich? Ich glaube nicht. Die sich ständig erweiternde Spirale der Evolution ist nur sichtbar geworden.

Heißt das, wenn wir uns nun wieder der Quelle zuwenden, daß Sie schon immer Erfahrungen gemacht hat und daß Sie an einem bestimmten Punkt oder Brennpunkt einfach sichtbar wurde? Meiner Meinung nach heißt es das. Für deinen individuellen Fall ist das nun wichtig, denn es bedeutet, daß du in deinem Lernen und Suchen nicht den Mut zu verlieren brauchst. Alles, was du suchst, wird an einem bestimmten Punkt des Bewußtseins sichtbar werden. Es besteht darüber kein Zweifel; du kannst es nicht umgehen, selbst wenn du wolltest.

Du strebst vielleicht nach mehr Reichtum, arbeitest schwer dafür und siehst im Augenblick noch keine Ergebnisse. Du mußt aber wissen, daß du den Reichtum sehen wirst, wenn du durch die Methoden, die du zu Hilfe nimmst, bewußt genug geworden bist. Er wird dir sichtbar werden, und du wirst ihn nicht mehr übersehen können. Dein stetig wachsendes Bewußtsein wird an einem bestimmten Punkt seiner Evolution einfach bemerken, was schon da ist. Das bedeutet nicht, und da darfst du mich nicht falsch verstehen, daß die Methoden wertlos sind, mit denen du gezielt an blockierten Bereichen arbeitest. Diese Methoden sind sehr hilfreich, um rascher Bewußtheit zu erlangen.

Aber wenn ich jetzt die Menschen betrachte, die suchen und schwer arbeiten und noch kein Ergebnis sehen können, dann möchte ich jedem von euch sagen: „Ja, meine Freunde, ich, Vywamus, versichere euch, daß ihr an einem bestimmten Punkt in eurem Bewußtsein, der für viele von euch sehr nahe ist, alles bemerken werdet, was ihr sucht. Es wird da sein, weil es, wenn ihr es so bemerkt, in eurem Leben manifest ist.

Ich spreche hier von Bewußtwerdung, und natürlich ist es das, was im Grunde jeder anstrebt — das Göttliche besser zu verstehen. Das ist unser Weg, das ist, was wir uns alle wünschen und was wir mehr als alles andere suchen. Manche sind sich dieses Zieles noch nicht bewußt. Anderen jedoch ist es sehr klar, und sie schreiten froh und freudig voran und fühlen sich sehr bevorzugt, das tun zu dürfen.

Ich, Vywamus, gehöre zu den letzteren und habe wirklich große Freude auf diesem Weg. Meine Freunde, eure älteren Brüder, die Lehrer, die Mitglieder der Hierarchie, verstehen diesen Weg vielleicht ein wenig besser als ihr. Heißt sie in eurem Leben willkommen, schätzt ihre Hilfe und ihre vielleicht etwas klarere Wahrnehmung dessen, was ihr im Grunde sucht. Sie sind sich klarer über das Leben. Ihnen ist bewußter, daß es eine Gelegenheit ist, zu dienen und den Kosmischen Plan des Schöpfers voranzubringen. Sie haben die Bedürfnisse der Persönlichkeit hinter sich gelassen, das Ego ist vollständig in der Seelenebene aufgegangen.

Seht ihr, meine Freunde, ihr Wille ist jetzt vollkommen auf Dienen ausgerichtet. Dienen heißt für sie, und ich meine damit die Regierung des Planeten, die geistige Regierung, die den Planeten führt, daß sie die ganze Erde als eine Ausdrucksweise des Göttlichen sehen und immer bestrebt sind, der Menschheit in weitem und umfassenden Maße zu helfen. Das bedeutet nicht, daß es nicht auch Führer oder Regeln gibt, universelle Gesetze, die beachtet werden müssen. Die gibt es. Das wichtigste dieser Gesetze ist natürlich der freie Wille.

Wenn wir, die geistigen Lehrer, die Erde anschauen, sehen wir, was erschaffen wurde. Das ist durchaus nicht negativ gemeint. Die Menschheit hat viel verstanden, hat eine Menge gelernt. Und wenn sie manchmal in ihrer Lernerfahrung eine gewisse Frustration zum Ausdruck bringt, etwas weniger als einfühlsames Verständnis für das, was physisches Sein bedeutet, dann weiß die geistige Regierung, meine Freunde, daß das Bewußtsein des Planeten — wenn die geistige Regierung hilft, wo es erlaubt ist, und man die evolutionäre Spirale ihr Werk tun und die Evolution wirken läßt — einen Punkt erreichen wird, wo es klarer sieht, worum es auf dieser Reise geht und was das Ziel ist.

Das Leben auf der Erde spiegelt alles, was auf der Erde erfahren wurde. Und wenn wir es in umfassender Weise betrachten, können wir an bestimmten physischen Orten die Ergebnisse von viel Lernen sehen. Das ist nicht negativ gemeint. Es ist eine sehr positive Aussage. Und ich sollte hinzufügen, daß ich von allen Teilen des Bewußtseins des Planeten spreche. Mit anderen Worten: Die Ebene, die wir Menschheit nennen, hat sicherlich eine wichtige Wirkung auf die Erde ausgeübt, aber das Tier-, das Pflanzen- und das Mineralreich beteiligen sich ebenfalls an der Evolution des Planeten.

Das Tierreich hat die Erde an vielen Punkten geführt. Die Menschheit sieht das nicht immer, weiß nicht immer davon. Manchmal, wenn die Menschheit blockiert war, oder eine Auswirkung dessen erlebte, was sie erschaffen hatte, zum Beispiel einen Krieg oder Unfrieden in irgendeiner Form, hat das Tierreich mit Sicherheit einiges davon wieder gutgemacht und als Ausgleich, als harmonisierende Komponente im Bewußtsein des Planeten gewirkt. Der große Brennpunkt des Bewußtseins des Göttlichen, der Tierreich genannt wird, spricht gut auf die Ganzheit, auf die Einheit an. Es reagiert tatsächlich leichter auf den Schöpfer als die Menschheit.

Manchmal hat es an bestimmten Orten große Versammlungen von Vögeln oder von Tierherden gegeben. Ihr Gefühl für die göttliche Absicht und ganz einfach ihr Überlebenssinn bringt sie zusammen, um an einem bestimmten physischen Ort das notwendige Gleichgewicht wiederherzustellen. Immer wieder ist das im Laufe der Geschichte der Erde geschehen.

Das Pflanzenreich des Planeten Erde ist so entwickelt, so einfühlsam, daß es viele Male Wirkungen ausgeglichen hat, die andernfalls katastrophal gewesen wären. Zur Zeit von Atlantis hat das Pflanzenreich durch sein einfühlsames Verständnis den *Kindern des Lichts* beigestanden.

Damals lag ein bestimmter Schwerpunkt auf Trennung, die auf der Erde manifestiert worden war, das heißt, daß jene, die die göttlichen Absichten mißverstanden hatten, und ihren eigenen Begierden, Bedürfnissen und Wünschen die Führung überließen, die Erde beherrschen wollten. Damals half das Pflanzenreich der Erde zum Beispiel durch den Duft einer schönen Blume in den Tempeln, der ganz besonders an das Göttliche erinnerte. Bei diesem Duft konnte man nicht umhin, sich dem Göttlichen näher zu fühlen.

Man kann dieser Wirkung natürlich entgehen, wenn man negativ genug eingestellt ist. Die Abtrünnigen waren sicherlich selbst durch diesen Duft nicht sonderlich berührt. Aber jene, die vielleicht schwankten, die nicht klar genug sahen, wie sie sich entscheiden sollten, wurden, wenn sie diesem Duft, dieser ganz bestimmten Einstimmung auf das Göttliche begegneten, in der rechten Wahl unterstützt, auf seiten der *Kinder des Lichts* zu stehen.

Dies ist nur eine der vielen Weisen, wie das Pflanzenreich dazu beigetragen hat, Harmonie zu schaffen und denen, die logische Beweise brauchen, zu zeigen, daß es eine Essenz gibt, eine Führung durch etwas physisch nicht

Sichtbares. Für mich ist die Schönheit, die das Pflanzenreich auf der Erde darbietet, ein Beweis für das Göttliche. Sie beweist, daß der Ausdruck des Göttlichen harmonisch sein kann.

Das Mineralreich bringt in der physischen Sphäre das Göttliche auf einer sehr grundlegenden und wichtigen Ebene zum Ausdruck. Es gibt viele verschiedene Brennpunkte darin, vom Sandkorn bis zum atemberaubend schönen Kristall. Es gibt viele, viele Unterschiede innerhalb dieser Einheit, die wir das Mineralreich nennen. Auch diese Manifestation des Göttlichen entwickelt sich und wächst und wird im Laufe der Evolution. Mit ihrer Veränderung beobachten wir viele Veränderungen auf der physischen Erde. Sie geschehen durch die Erweiterung des Bewußtseins im Mineralreich.

Was ich hier wirklich vermitteln möchte, ist, daß es innerhalb dieser Ganzheit, dieser Einheit, die wir den physischen Planeten Erde nennen, bestimmte Bewußtseinsmischungen gibt; daß der Schöpfer, das Göttliche sich auf so viele Weisen zum Ausdruck bringt, wie man sich nur vorstellen kann, und daß die Ebene der Minerale, der Pflanzen, der Tiere, der Menschen und der geistigen Regierung oder Seelenebene nur einige dieser Ausdrucksweisen sind. Das Ganze ist noch viel komplexer. Dies ist nur *eine* Art, die Evolution zu betrachten.

Du wirst das leichter verstehen, wenn du weißt, daß die Evolution wirklich aus der Einheit entsteht, hervorgeht, ausstrahlt. Sie verläßt diese Einheit nie, aber sie wird mehr, sie erweitert die Grenzen ihrer früheren Wahrnehmung, die wir die Einheit nennen. Sie setzt sich fort und entwickelt sich und wird. Sie tut das nicht nur auf *eine* Art und Weise. Wenn man sie also auf eine Weise umreißt und sagt, „so wirkt die Evolution“, sieht man nur einen Teil des Bildes.

Gewiß kann man jeden einzelnen Teil betrachten und sagen: „So wirkt die Evolution in diesem bestimmten Fall oder Brennpunkt", wenn man weiß, daß man immer noch auf andere Brennpunkte und andere Methoden treffen wird, durch die die Göttlichkeit Erfahrungen sammelt.

Ihr sollt erkennen, daß ihr diesen Unterschiedlichkeiten begegnet, damit ihr sehen lernt, wie die Evolution vor sich geht. Freut euch daran, wißt diese Unterschiede zu schätzen, denn in jedem entdeckt ihr einen neuen Brennpunkt des göttlichen Bewußtseins. Ihr gewinnt dadurch ein Verständnis, ihr lernt und erweitert euer Bewußtsein. Weist nicht die Tatsache von der Hand, daß es vielleicht Ansätze gibt, die die Erweiterung und Entwicklung des Göttlichen anders sehen als ihr. Sammelt sie, sucht danach. Sagt nicht, es gibt nur einen Weg, meine Freunde.

Ich werde jetzt Bewußtwerdung in Hinblick auf Transformation besprechen. Bewußtwerdung ist die Erkenntnis des Stadiums der Schöpferkraft im eigenen Inneren. Das heißt natürlich, daß man sich — auch wenn jeder göttliche Funke vollständig und in sich ein Ganzes ist — um sein Potential voll auszuschöpfen, es voll in Anspruch nehmen zu können, dessen bewußt sein muß, daß man selbst dieses Potential ist.

Am Anfang jeden Kosmischen Tages tritt die Quelle in einen aktiven Zustand ein. Die in ihr vorhandenen Einzelheiten werden auf harmonische Weise aktiviert. Innerhalb eines konzeptuellen Rahmens beginnt die Quelle buchstäblich, auf diesem Schwingungsrahmen, den Sie ausgesandt hat, zu spielen. Jede einzelne Schwingung innerhalb dieses Rahmens ist einzigartig, nicht isoliert oder getrennt, sondern Teil des Ganzen und hat eine ganz bestimmte Funktion, einen einzigartigen Rhythmus und eine einzigartige Rolle. Die Beziehungen (Interaktionen) jeder einzelnen Perspektive oder jeden Teiles auf jeder Ebene beginnen, den ganzen konzeptuellen Schwingungsrahmen zu erhellen, so daß Evolution oder Selbst-Entdeckung stattfinden kann. Es ist ein Rhythmus — ein Fluß von Schwingungen — der hinaus„tönt". Man muß also sehen und verstehen, wie solch ein Schwingungsfluß beschaffen ist, um sich bewußt zu werden, wie der Prozeß der Selbst-Entdeckung vor sich geht. Der Puls oder Rhythmus des Aussendens hat eine sogenannte „Frequenz", das heißt, ein immer wiederkehrendes Muster von Aktivität und einer ebenso wichtigen Inaktivität oder Pause zwischen solchen aktiven Phasen.

Das Sein oder das, was auch als „Evolution" bezeichnet wird, geschieht also folgendermaßen: Die Quelle in ihrer Interrelation wird aktiv. Auf diese aktive Periode folgt eine Phase der Ruhe, in welcher die Quelle das reflektiert, was aktiviert wurde. Die aktive Phase wird als „Kosmischer Tag", die inaktive Phase als „Kosmische Nacht" bezeichnet.

Die Quelle ist so beschaffen, daß jeder göttliche Funke alle Möglichkeiten der Quelle selbst enthält. Er beteiligt sich auch in derselben Weise wie die Quelle selbst am Sein und an der Evolution. Deshalb ist ein göttlicher Funke, der an einem Kosmischen Tag als integraler Teil, als Interrelation des Ganzen, ausgesandt wird, aktiv bzw. tritt in den aktiven Zustand des Pulsschlags ein, mit Zwischenphasen der Ruhe oder Reflektion. Beide Phasen sind gleichwertige Ausdrucksweisen des Göttlichen. Evolution kann sowohl im aktiven als auch im passiven Zustand stattfinden.

Jede Schwingung, jeder göttliche Funke, hat innerhalb des Ganzen einen individuellen Rhythmus. Das Ganze drückt sich, wie gesagt, durch seine Interrelation auf allen Stufen aus. Manche göttlichen Funken sind an einem bestimmten Kosmischen Tag aktiv, während andere inaktiv bleiben. Die „Stellung" innerhalb des Ganzen verändert sich in dem Maße, wie jeder Funke buchstäblich sein eigenes ganzes Potential zu verwirklichen sucht. Und gleichzeitig erfüllt durch die wunderbare Art und Weise, wie alles zusammenpaßt, jeder Funke im Laufe seiner Evolution die Bedürfnisse des Ganzen.

Man könnte als Beispiel ein schönes Musikstück heranziehen, das gespielt wird. Das Konzept des Ganzen ist da — das Musikstück ist vollständig —, aber während es gespielt wird, sind bestimmte Noten aktiv, und die Aufmerksamkeit ist auf sie gerichtet, während andere den inaktiven oder reflektierenden Zustand zum Ausdruck bringen. Wieder ist nicht der eine Zustand wichtiger als der andere, sondern sie bilden eine echte Ergänzung. Die aktiven und inaktiven Phasen geben dem Ganzen in seinem Suchen und Lernen eine gewisse Proportion.

Warum besprechen wir das überhaupt? Was hat das mit Transformation zu tun? Ich werde es gleich erklären. Unsere Musik des Ganzen ist erklungen. Einige Noten und Schwingungen sind aktiv, während andere ruhen. An einem spezifischen Punkt begegnen bestimmte Teile des Ganzen dem, was man „physische Existenz" nennt. Die göttliche Schwingung, der göttliche Funke, der ins physische Sein eintritt, begegnet einer bestimmten Schwingung, die „widerhallt", die auf tiefe Weise reflektiert oder innerhalb des Ganzen eine Art Spiegeleffekt hat.

Das heißt, wenn du als Göttlicher Ton in die physische Existenz eintrittst, bringt diese — d.h. die Schwingungsebene des physischen Seins selbst — in ihrer Interaktion mit deiner ganz bestimmten Schwingungsebene etwas hervor, was ich ein MITTEL, DIR WIDERZUSPIEGELN, WAS DU ERSCHAFFST, nenne. Mit Hilfe dieses Spiegels kannst du also vollständiger verstehen lernen, wie du selbst bist und wie du dich in das Ganze einfügst. Das ist wichtig, und ich bitte dich, sorgfältig darüber nachzudenken.

Der Transformationsprozeß ist also einfach das Mittel, im physischen Sein zu entdecken, wer du wirklich bist. Durch den Spiegelungsprozeß im physischen Sein wirst du dir dessen BEWUSST, daß du ein Wesen bist, das sich entwickelt. Durch die Interaktion mit anderen, die deine Überzeugungen widerspiegeln, machst du Entdeckungen. Die physische Existenz ist also in dem Prozeß der Transformation des Selbst bis zu dem Punkt der Bewußtwerdung, der dir allmählich zeigen wird, WIE du dich in das Ganze einfügst und WAS deine Verantwortungen darin sind, ein wichtiges Werkzeug. Du gewinnst durch die physische Existenz einen echten Einblick in die Art und Weise, wie das Ganze zusammenspielt. Die Schwingungen sind im physischen Sein so klar umrissen, so deutlich, so spezifisch, daß der Spiegeleffekt leicht verstanden wird und so in den schöpferischen Prozeß integriert werden kann.

Während dieses Transformationsprozesses ist der erste Teil der „physischen Reise", wenn man es so nennen will, auf das Ich ausgerichtet. Das Bewußtsein ist in der „Persönlichkeit" oder dem „Ego" zentriert. Man sieht die Existenz aus einer persönlichen Perspektive, die vom Schöpfer gegeben ist, um ein Mittel zu entwickeln, auf der physischen Ebene den Lebensprozeß betrachten zu können. Viel wird gelernt und erreicht während dieser ersten physischen Erfahrungen. Man lernt, auf der physischen Ebene zu überleben. Man lernt, daß es für das physische Überleben wichtig ist, eine aktive Rolle in der Existenz zu übernehmen. Man interagiert mit anderen, übernimmt bestimmte Verantwortungen, trifft bestimmte Vereinbarungen. Durch die Erfahrung, die in einer Vielfalt von Rollen in einem Theater mit dem Namen „physische Existenz" ausagiert wird, sieht man das, was vor sich geht, vom Standpunkt der Persönlichkeit aus. Mehr und mehr Möglichkeiten des

Selbst werden aktiviert. Große Kräfte werden nutzbar. Man konzentriert sich auf gewisse Leben, in denen man bestimmte Fähigkeiten kultiviert. Ganz allmählich wird die Persönlichkeit stark, unabhängig, fähig und — vom Standpunkt ihrer Beschaffenheit aus — reif.

An diesem Punkte strebt der Evolutionsprozeß nach einem Anschluß an etwas, was jenseits der physischen Ebene liegt. Das Mittel dazu wird als Seelenebene bezeichnet. Obgleich diese Ebene des Bewußtseins natürlich die ganze Zeit über da war, ist sie im physischen Sein noch nicht wirklich umfassend genutzt worden. Die starke Persönlichkeit hat buchstäblich ihre Aufmerksamkeit angezogen, hat ihr buchstäblich zugerufen: „Ja, jetzt bin ich so stark geworden, daß der Rahmen für dich geschaffen ist." Natürlich erkennt die Persönlichkeit nicht, daß dieser Aufruf an die Seele ergangen ist, aber die Seele antwortet, denn sie sieht — wird ganz aufgeregt über — diese Möglichkeit, ihren göttlichen Auftrag in physischer Existenz zu erfüllen.

Die Seele erkennt, daß physisches Sein nichts „Geringeres" ist. Sie sieht die physische Existenz als wichtige Aufgabe, in der sie dienen und durch die sie lernen und wachsen kann!

Was ist also nötig, um über diese Konzentration auf die Persönlichkeit, auf das Ego hinauszuwachsen? Wie verwandelt man sich selbst und bringt sich auf die nächste Ebene seiner Evolution? Zunächst ist es wichtig, zu sehen, daß wir hier im wahrsten Sinne von der Evolution des Ganzen und von unserer Rolle darin sprechen. Wenn du die Evolution nur aus der Perspektive des Ich auf der Persönlichkeitsebene siehst, hast du nur eine einseitige Anschauung vom Ganzen. Die Natur des Transformationsprozesses besteht also darin, den Standpunkt des Ganzen in dir selbst zuzulassen, ihn zu akzeptieren. Nun ist euch das schon immer wieder gesagt worden, aber vielleicht wird das folgende Beispiel es klarer machen:

Nehmen wir an, eine Gruppe kommt in der Absicht zusammen, anderen zu dienen oder zu helfen. Jedes Mitglied der Gruppe trägt zu diesem Ziel, anderen zu helfen, seine Kräfte und Fähigkeiten bei. Jeder bringt eine bestimmte Schwingung oder einen bestimmten Rhythmus ein, und wenn diese in der Gruppe zusammenkommen, entsteht der Rhythmus oder Pulsschlag des Ganzen. Das Gruppenziel — anderen zu helfen — macht es absolut notwendig, daß jedes Gruppenmitglied auch die Standpunkte aller anderen Mitglieder sieht, schätzt und zuläßt. Wenn so jeder Standpunkt Ausdruck findet und mit jedem anderen Standpunkt interagiert, entsteht durch die Gruppenbemühung die Evolution des Zieles, das angestrebt wird — im Falle unserer Gruppe das Ziel, anderen zu helfen.

Um ein klares und umfassendes Ziel hervorzubringen, muß also jedes Mitglied der Gruppe das, was die Gruppe zusammen entdeckt hat, betrachten und daraus lernen. DAS IST TRANSFORMATION: die Fähigkeit, den Lernprozeß des Ganzen zu benutzen.

In der physischen Existenz ist das Erreichen von Zielen ein Mittel, um sich im Leben zufrieden und erfüllt zu fühlen, ein sogenanntes „Mittel zum Glück". Wenn man an einem Rennen teilnimmt und gewinnt, kann man durch diese Erfahrung einen bestimmten Brennpunkt oder Anschlußpunkt innerhalb des Ganzen erreichen.

Im aktiven Teil der Evolution gibt es, wenn das Ganze vorwärtsdrängt, immer einen bestimmten Brennpunkt des Bewußtseins, der die Vorwärtsbewegung anführt. Im physischen Sein würde er „der Erste" genannt. In unserem Beispiel von dem Rennen kommt also derjenige, der als Erster ins Ziel geht, für einen kurzen Augenblick in Kontakt mit diesem Punkt des Ganzen, den er sucht.

Dieser Antriebspunkt ist mit sehr viel Energie verbunden, und viele kennen nur dieses Mittel, um ihrem schöpferischen Prozeß Energie zuzuführen. So streben sie — manchmal verzweifelt — danach, in allem der „Erste" zu sein, um den nötigen Antrieb, die nötige Energieverbindung zu bekommen.

Sie gehen dabei von einer falschen Voraussetzung aus, denn man kann seinen Anschluß an das Göttliche nicht *erreichen.* Man *hat* ihn schon, er ist ein Geschenk des Schöpfers: was man tun *muß,* ist, das gesamte Potential, das einem so geschenkt wurde, aktivieren, damit es verwirklicht wird. Etwas zu erreichen, dient also dem Zwecke, ein Potential in die Wirklichkeit zu überführen! Wenn wir also Punkt für Punkt die Verwirklichung suchen, müssen wir uns bemühen zu erkennen, daß wir manchmal „erste", manchmal aber — wegen des Rhythmus' der Existenz — auch „letzte" sein werden. Und das ist in Wirklichkeit keine weniger wünschenswerte Position im Ganzen!

Wir sehen also, daß wir durch den Prozeß, der Transformation genannt wird, unseren „Platz" entdecken werden, und daß er uns immer klarer wird, sich immer verändert und uns auf immer kosmischere Bewußtseinsebenen führen wird. Wie aufregend! Wie wunderbar! Freut euch auf diese ewige Reise, meine Freunde! Es ist ein Vergnügen, jetzt mit euch zu reisen!

Jetzt, wo ihr zu erkennen beginnt, daß physische Existenz für ein geistiges Wesen wirklich eine Gelegenheit ist, zu werden und sich zu entfalten, reagiert der Emotionalkörper sehr positiv. Das heißt, die Freude kommt zum Vorschein, und ihr seid vielleicht glücklicher als je zuvor. Das Gefühl, mit etwas Wahrem in euch in Berührung gekommen zu sein, ist also wirklich eine Anregung zu einem klareren Gebrauch des emotionalen Körpers.

Was heißt das? Will ich damit sagen, daß ihr, wenn ihr nicht mit etwas Wahrem in Berührung seid, keine Freude empfindet? Natürlich nicht. Ich sage jedoch, daß die Wirklichkeit für jeden von euch bestimmte Zeichen oder Punkte enthält, Anzeiger, wenn ihr so wollt, die euch zeigen, daß euer Leben viel mehr „im Einklang" mit eurem Ideal oder mit dem Kosmischen Plan ist, als ihr vielleicht bemerkt habt!

Der Emotionalkörper, der Teil der Quelle, der Wertschätzung empfindet, ist ein solcher Anzeiger. Wenn ihr ehrlich zu euch selber seid und seht, was jede Emotion stimuliert und womit sie verbunden ist, könnt ihr feststellen, wo auf eurem Weg der Bewußtwerdung ihr euch befindet.

Wir haben schon oft gesagt, daß Schmerz, Verlust und Trauma von falschen Überzeugungen herrühren. Ich möchte nun betonen, daß das Gegenteil ebenfalls zutrifft: Freude, bedingungslose Liebe, Wertschätzung und wahre Demut gehen mit der Verwirklichung eurer eigenen Wahrheit einher.

Es ist ein Prozeß des leichter und lichter Werdens, sowohl in dem Sinne, daß ihr euch leichter und lichter fühlt, wenn ihr eure wahre Realität entdeckt oder eure göttlichen Fähigkeiten erkennt, als auch im Sinne eines Fließens in eine bestimmte Richtung, das kabbalistisch als „Lichtblitz" bezeichnet wurde, und das wirklich den Fluß eurer Energie integriert, wenn ihr das Ideal in euch selbst zulaßt und weckt.

Nehmen wir zur Erklärung einmal an, ihr seid Eltern und habt ein Kind zur Welt gebracht. Dieses kleine Wesen, das neu in der physischen Sphäre ist, hat das Potential, ein volles, produktives Leben zu leben. Ihr als Eltern seht das Potential und möchtet das Kind durch seinen Wachstumsprozeß führen, seine Energie, wenn man so will, in Bahnen oder Wege lenken, die einen sinnvollen Lebensfluß hervorbringen und dem Kind gestatten, in den, wie man es nennen könnte, „vollen schöpferischen Fluß" hineinzukommen, das heißt, in eine Karriere und in persönliche Beziehungen, die es erfüllen und befriedigen.

Wenn man dieses Kind nun mit einem Energiefluß an seinem Ursprung vergleicht, dann wird diesem also von den Eltern oder vom Schöpfer eine Richtung gegeben, und das Kind macht sich daran, diesen Energiestrom zu lenken, sich darauf fortzubewegen. Durch einen Prozeß von Entdeckungen lernt das Kind mit der Zeit, wie dieser Strom am produktivsten zu befahren oder zu lenken ist. Manchmal führt die Methode des Ausprobierens und Fehlermachens dazu, daß es auf Felsen stößt oder sogar zeitweilig das Mittel zum Befahren des Flusses, womit ich das physische Gefährt meine, verliert. Du siehst, daß ich in diesem Bild nicht nur von *einem* Leben spreche, sondern von einer Reihe von Leben in physischer Existenz.

Man findet seine ideale Richtung also durch den Entdeckungsprozeß; es ist jedoch nicht nötig, an einem Felsen zu zerschellen, um eine Erkenntnis zu gewinnen, die einem hilft, die Auswirkung dieses ganz bestimmten Felsens zu umgehen. Der Erkenntnisprozeß ist demnach eine Alternative dazu, immer und immer wieder all die Felsbrocken zu erfahren, die man irrtümlicherweise im eigenen Strom angesammelt hat.

Gewiß ist es wichtig, ein Mittel zu haben, um die Bereiche, die diese Felsbrocken ausmachen, identifizieren zu können, und wir, eure Lehrer, möchten euch durch euch, unsere Kanäle, zeigen, welche Ereignisse sowohl auf der physischen Ebene als auch mehr kosmisch diese Mißverständnisse geschaffen haben, die ihr jetzt auf eurer Suche vorfindet.

Gewiß ist eure Göttliche Absicht oder euer Verlangen,

dem Ganzen zu helfen, der Grund dafür, daß ihr gewillt seid, euer Fahrzeug weiterhin auf diesem Energiestrom fortzubewegen, den wir die Evolution des Ganzen nennen. Ihr kennt auch das tiefe Verlangen, zu wissen und zu werden, das euch buchstäblich durch dasselbe Verlangen nach Wissen, das der Schöpfer hat, „eingebaut" ist. Es ist also die Quelle in ihrem Entwicklungsprozeß, die dieses Verlangen in uns entfacht, und jeder von uns ist ihr Mittel, alles zu entdecken, was es zu entdecken gibt.

Jedes Mal, wenn du also etwas entdeckst, das dir klarer zeigt, warum du existierst, wer du bist und was wirklich der Sinn deiner Bewußtseinsreise ist, wirst du dadurch fähiger, deinen Energiestrom zu befahren und zu lenken, ihn mehr und mehr in Übereinstimmung mit deinen vollen schöpferischen Fähigkeiten als Mitschöpfer Gottes zu benutzen und mit wahrem Staunen, mit Wertschätzung und Freude den schöpferischen Prozeß in dir zu entdecken! Dieses Staunen ist es, das dir hilft, das wahre Wunder der Schöpfung zu erkennen; das dir hilft, den weiten Bogen, das herrliche kosmische Panorama, das sich überall um dich her entfaltet, zu sehen. Es hilt dir, über alle früheren Zweifel hinaus zu sehen, daß das Göttliche gegenwärtig ist, daß es überall, auf jeder Ebene lebt und erschafft und in jedem Wesen, das existiert, anwesend ist. Es ist wirklich die Entdeckung des Zaubers der Existenz, die dich vorwärts drängt, denn du willst dir nicht mehr entgehen lassen, jeden neuen und aufregenden Teil des schöpferischen Prozesses in deinem eigenen Leben und im Leben der anderen zu entdecken. Genieße, entdecke, spiele, sei voll freudiger Erregung über dein Leben und deine Zukunft! Sie ist wahrlich leuchtend! Du, als Schöpfer, bist ein herrliches Lichtwesen, von dem die Engel singen und das der Kosmos grüßt!

4. Der schöpferische Prozeß

Wir wollen nun den schöpferischen Prozeß betrachten und versuchen, seine Natur zu verstehen und zu erkennen, wie von der Quelle das Ideal hervorgebracht wird. Wir wollen auch untersuchen, wie jeder von uns in dem Wunsch, seine kreativen Möglichkeiten zu nutzen, allmählich den Zündungsprozeß, (den ich als nächstes besprechen werde,) als das Mittel akzeptiert, mit dem er die Energie für seine schöpferischen Bemühungen erzeugen und so Schritt für Schritt das Mittel zum Weiterkommen aufbauen kann.

Für die Erfahrung dieses Kosmischen Tages ist dir ein „Energiemuster“ mitgegeben worden, eine Energieformel, wie ich es genannt habe, in der das Mittel enthalten ist, alles hervorzubringen, was benötigt oder gewünscht wird. Die dynamische Energie, oder was auch als männlicher Pol des Selbst bezeichnet wurde, zündet den schöpferischen Prozeß. Diese Zündung dringt tief in die empfangende weibliche Energie ein, die buchstäblich die Information, das Gelernte — alles — aufgenommen und gesammelt hat, was während des jeweiligen Ausdrucks des Göttlichen — sei es ein Kosmischer Tag oder dein gegenwärtiges Leben auf der Erde — empfangen worden ist. Bedenke, daß das physische Sein deine geistige Evolution und deine Einsichten spiegelt.

Was heißt das nun, den schöpferischen Prozeß zünden? Wie geht das vor sich? Zunächst kommt Energie zusammen oder interagiert; sie greift gewissermaßen ineinander. Wenn jede Art von Energie versammelt ist, geht vom Weiblichen eine Botschaft aus, die den Zündungsprozeß hervorruft. Wenn die Botschaft stark genug ist, zieht sie die dynamische Energie an.

Wenn die Menschheit im Bereich der Polarität nicht in

Verwirrung geraten wäre, dann würde an diesem Punkt der männliche Pol ganz klar mit dem weiblichen interagieren, denn der Aufruf des Weiblichen in dem Sammlungsprozeß ruft das Männliche hervor. Aufgrund einer Energieverwirrung, die sich auf der physischen Ebene buchstäblich als Energiestockung auswirkt, erfolgt der klare Aufruf, der den Zündungsprozeß (die Interaktion der dynamischen männlichen Energien mit dem Weiblichen) einlädt, jedoch nicht. Im allgemeinen, und ich verallgemeinere hier, haben die empfänglichen weiblichen Energien keinen Kontakt mit dem Männlichen zugelassen.

Ihr fragt hier vielleicht: „Wie ist das denn möglich?“ Ihr alle lebt doch hier auf der physischen Ebene und erschafft euer eigenes Leben. Wie soll da die Interaktion zwischen den Polen abgeschnitten sein? Nun, ich sage nicht, daß sie vollständig abgeschnitten ist. Aber viele haben, anstatt auf ideale Weise den männlichen Pol zu benutzen, den Aspekt des Willens dafür eingesetzt.

Der Aspekt des Willens hat einen dynamischen Fluß. Er wird gewöhnlich als Energie des ersten Strahls betrachtet, wenn es da auch einige Ausnahmen gibt. Dieser dynamische Energiefluß, der Willensaspekt, erschafft jedoch, wenn er als Ersatz für den männlichen Pol benutzt wird, aus einer gezwungenen Wahrnehmung heraus. Die ideale Interaktion, in der der männliche und der weibliche Pol in gleichem Maße an dem schöpferischen Prozeß beteiligt sind, ist dann nicht möglich. Der Wille erzwingt buchstäblich, daß das Weibliche seine Energie zu dem Vereinigungsprozeß beiträgt. In diese Interaktion, die, wie gesagt, nicht ideal ist, ist von seiten des Weiblichen ein Ressentiment eingebaut. Das Weibliche nimmt es übel, benutzt zu werden, gezwungen zu werden, an etwas mitzuwirken, bei dem es nicht die Gelegenheit erhält, der gleichwertige schöpferische Partner zu sein, von dem sein Potential ihm sagt, daß er das Ideal ist. So sehen wir, weil die Invokation des Weiblichen verworren ist, daß nicht der männliche Pol aufgerufen wird, sondern der Willensaspekt, der dem Weiblichen dann das Gefühl gibt, benutzt oder manchmal auch mißhandelt zu werden oder zumindest kein gleichwertiger Partner in einer vollen göttlichen Partnerschaft, die das Ideal ist, zu sein.

Ihr habt in euch im Bereich der Polarität zwei göttliche schöpferische Perspektiven, die einander ergänzen. Sie sind als gleichwertige Partner innerhalb des schöpferischen Aktes gedacht. Ihre Rollen sind, wie gesagt, nicht dieselben, aber sie ergänzen einander. Wenn das Weibliche jedoch nicht klar versteht, wie es seinen von Natur aus magnetischen Teil so benutzen kann, daß er das Gewünschte wachruft, dann bildet sich eine Grundkomponente der Mißverständnisse im Bereich der Polarität.

Um deine Fähigkeiten als Mitschöpfer voll einsetzen zu können, ist es wichtig, daß die Polarität klar ist. Viele von euch auf der menschlichen Ebene haben in diesem Bereich eine ziemlich komplizierte Glaubensstruktur. Der weibliche Aspekt umfaßt zum Beispiel nicht bloß eine Wahrnehmung in jedem von euch. Es können sich im weiblichen Pol bezüglich seiner Rolle bis zu zehn verschiedene Wahrnehmungen oder Mißverständnisse befinden, die alle versöhnt, aufgelöst, integriert oder geklärt werden müssen. Nicht alle haben zehn verschiedene Perspektiven in diesem Bereich, aber manche von euch haben zehn.

Die männliche Polarität ist für die meisten von euch noch komplexer als die weibliche. Du mußt natürlich wissen, daß jedes existierende Wesen beide Energiearten hat und benutzt, ganz gleich, ob es sich während des gegenwärtigen Lebens in einem weiblichen oder männlichen Körper befindet. Ihr habt wirklich beide Energiearten in euch.

Es ist also wichtig, daß du dir anschaust, was dir in der physischen Welt gespiegelt wird. Wenn du verheiratet bist oder eine Beziehung mit einem Partner des anderen Geschlechts hast, dann schau, was dein Partner oder deine Partnerin dir spiegelt. Was du in diesem Spiegel siehst, ist das, was du über den anderen Pol glaubst. Wir denken hier natürlich an Fehlmeinungen, aber du mußt auch die Stärken, die Schönheit, das Verständnis, das du dort findest, sehen. Schau deinen Beziehungspartner an, um zu sehen, was du über den anderen Pol gelernt hast, was du darüber meinst und glaubst.

Es ist natürlich kein Zufall, daß die meisten von euch irgendwann in ihrem Leben eine Beziehung mit einem Partner des anderen Geschlechts haben. Auch die, die in diesem Leben keine solche Beziehung erfahren, haben sie in anderen Leben gehabt. Wenn ihr euren schöpferischen Prozeß, euer schöpferisches Potential verstehen wollt, sind diese Beziehungen ein Kernpunkt.

Nehmen wir zum Beispiel einen Menschen, der eine Beziehung hat und sie dann verliert. Er hat wieder eine neue Beziehung. Auch diese endet. Immer und immer wieder wiederholt sich dieses Muster, daß er eine Beziehung hat und sie dann verliert. Was ist nun die grundlegende Ursache dafür, daß dieses Verhaltensmuster so tief in ihm eingeprägt ist? Vielleicht erkennst du dieses Verhaltensmuster nicht als deines. Du bist vielleicht viele, viele Jahre mit ein und demselben Menschen verheiratet gewesen. Wisse jedoch, daß ihr alle mehr oder weniger ein solches Muster habt. Wisse, daß du die Geschichte deiner Erdenleben hindurch viele, viele Beziehungspartner gehabt hast. Der Tod scheint solche Beziehungen zu unterbrechen.

Wir müssen uns also hier die Natur der Veränderung anschauen. Wir müssen versuchen zu sehen, daß Veränderung keinen Verlust schafft, keine Unterbrechung der angestrebten kreativen Ziele. Kannst du dieses Unterbrechungsmuster sehen? Du hast vielleicht eine Beziehung und lebst viele, viele Jahre darin, bis der physische Körper altert. Der Alterungsprozeß selbst scheint das Streben nach schöpferischen Zielen zu unterbrechen. Man „zieht sich zurück“ und hört an irgendeinem Punkt des physischen Lebens auf, Ziele anzustreben. Viele von euch sind viele Male im Vollbesitz ihrer Kräfte gestorben, das heißt ohne eine offizielle Rückzugsphase. Ihr habt jedoch alle physisch einmal einen Punkt erreicht, wo ihr sagtet: „Ich kann das nicht mehr machen, ich muß aufhören, so kreativ zu sein, wie ich es einmal war.“

In eurer Glaubensstruktur ist also ein Alterungsfaktor eingebaut, der entfernt werden muß, über den ihr hinaussehen müßt. Der Alterungsprozeß scheint Beziehungen und damit den schöpferischen Prozeß zu zerstören. Ein Mann ist, wenn er das Gefühl hat, zu alt zu sein, nicht mehr fähig, eine Beziehung zu einer Frau zu haben. Seine Glaubensstruktur enthält also diesen Alterungsfaktor. Wenn seine Überzeugungen in diesem Bereich ziemlich klar sind, dann kann er, und manche von euch sind es, bis weit in seine achtziger, neunziger oder hunderter Erdenjahre hinein sexuell aktiv sein.

Wie du siehst, gibt es nicht einmal in diesem Bereich irgendeine Begrenzung, es sei denn, du hast sie immer wieder in deinem physischen Leben bestärkt.

Die meisten von euch, die sich in einem weiblichen Körper befinden, haben sich ein Leben nach dem anderen immer und immer wieder gesagt „Ich muß nehmen, was kommt, was mir sexuell gegeben wird. Ich habe in dieser Hinsicht keine Wahl. Ich bin nur Empfänger.“ Jetzt haben sich einige von euch in ein paar Leben allmählich eine aktivere sexuelle Rolle zugestanden (und ich meine damit nicht, von einem Partner zum nächsten zu laufen), das heißt, daß der empfangende Modus einen aktiven Zustand enthält, mit Hilfe dessen man die gleichwertige Partnerschaft erschaffen kann, die ihr alle in dem Vereinigungsprozeß sucht. Bevor du als Frau also innerhalb dieses Vereinigungsprozesses nicht deine aktive Rolle akzeptierst, wirst du dich weiterhin in der totalen Passivität des empfangenden Modus überwältigt oder gezwungen fühlen, ohne zu sehen, daß das, was integrierend wirken würde, die aktive Rolle ist, die dir in dem Prozeß der Zündung, des Zusammenkommens oder der Vereinigung — der sexuellen Vereinigung oder in weiterem Sinne im schöpferischen Prozeß selbst — zusteht.

In unserer gemeinsamen Arbeit hier in der Stiftung* lege ich, Vywamus, größten Wert auf den Bereich der Polarität. Wir benutzen Symbole und viele, viele Methoden, um ein besseres Verständnis davon zu erreichen, wie die Schöpfung vor sich geht. Wir nehmen den Bereich der Polarität buchstäblich, Stück für Stück, auseinander, und wenn wir alle Schrauben, Rädchen und Muttern freigelegt haben, dann gehen wir zurück zum göttlichen Plan und setzen alle Teile wieder in das göttliche Muster ein, das euer Ziel ist. Das kann natürlich länger als fünf Minuten dauern. Tatsächlich ist das die Reise — eure Entfaltung des schöpferischen Prozesses und all dessen, was er umfaßt, aller seiner Aspekte. Ich kann euch jedoch versprechen, daß ich, Vywamus, weiter mit denen, die zu mir kommen und mich zum Hilfe bitten, im Bereich der Polarität herumwühlen werde, bis ihr diesen ziemlich komplexen und doch göttlich einfachen Bereich klarer verstehen lernt. Er ist von der Idee her einfach. Die Schwierigkeiten werden offensichtlich, wenn wir betrachten, was ihr damit gemacht habt. Der Energiefluß ist buchstäblich verknotet, verdreht, steckengeblieben, in komplizierte Gedankengänge eingesponnen — alle die Ausdrücke, die vielen von euch vertraut sind, treffen zu.

Man kann diese Energie mit einem Dreieck vergleichen.

* The Tibetan Foundation

Das Dreieck ist eine Grundeinheit des schöpferischen Prozesses, und wir können es auf vielerlei Weisen betrachten. Um den Bereich der Polarität zu verstehen, kannst du dir ein gleichseitiges Dreieck vorstellen: auf der rechten Seite sind deine männlichen Energien, auf der linken Seite die weiblichen, und unten ist eine Kombination von beiden. Versuche, an der Grundseite des Dreiecks einen Mittelpunkt zu erreichen, damit die Energien zu dem Punkt des Dreiecks weitergehen können, den wir als Scheitelpunkt bezeichnen. Wenn dies geschieht, wird die ganze kreative Energie des Dreiecks gezündet, aber es muß dieser ausgewogene Punkt sein, die Interaktion zwischen dem weiblichen und dem männlichen Pol, damit sozusagen der volle Kontakt mit dem ganzen schöpferischen Potential hergestellt wird, das jedem von euch zur Verfügung steht. Wenn der Kontaktpunkt nicht ausgewogen ist, hast du entweder zuviel weibliche oder zuviel männliche Energie, und dann ist der Zündungsvorgang nicht vollständig, nicht richtig ausgerichtet und berührt nicht dein Potential.

Obwohl wir sehen, daß viele von euch ihre männlichen Energien nicht in vollem Umfange einsetzen können, so liegt der eigentliche Grund dafür, daß ihr in dem schöpferischen Prozeß euer Potential nicht erreicht, jedoch im weiblichen oder empfangenden Strom der Energien.

Um das ganz zu verstehen, muß ich dich auf die Ebene der Quelle zu jenem Ereignis mitnehmen, das wir deine Geburt nennen — dein Übernehmen einer aktiven Rolle innerhalb der Quelle. Es ist auch als Punkt der Individualisierung bezeichnet worden. Für mich geschah dieses Ereignis, als die Quelle zu dir sagte: „Es ist jetzt Zeit, daß du dich aktiv am Schöpfungsprozeß beteiligst." Vorher warst du in etwas, was wir die undifferenzierte Quelle nennen, in einem ziemlich gebärmutterähnlichen Zustand. Viele von euch waren dort warm, glücklich und friedlich, und nichts wurde von euch verlangt. Eines Tages klopfte die Quelle an deine Tür (nachdem Sie dir zuerst die Tür geschaffen hatte) und sagte: „Es ist Zeit, Kleines. Jetzt geh du hinaus." Es ist natürlich wichtig, sich darüber im Klaren zu sein, daß man nirgendwohin „geht". Man aktiviert einfach eine Energiekomponente, die zuvor zwar potentiell vorhanden, aber nicht aktiviert war. Es ist auch wichtig zu wissen, daß wir uns weit jenseits der chronologischen Zeit befinden. In Wirklichkeit wird ein Brennpunkt des Bewußtseins auf den schöpferischen Prozeß gerichtet, und so wurde dir durch einen Mechanismus der Bewußtseinskonzentration die Einstellung des schöpferischen Prozesses zugänglich. Jedes Wesen „reagiert" nun ein wenig anders auf diesen „Geburts"vorgang. Es bedeutet jedoch für uns alle ein wenig Verlust von dem, was war, und das hat eine Auswirkung im Bereich der empfangenden Energie. Einige empfinden es als sehr hart, und manche von euch glauben, daß dieser empfangende Modus und was durch ihn kommt, eine Vergewaltigung ihres freien Willens darstellt. Unterbewußt kommt es euch vor, als ob ihr gezwungen werdet, zu empfangen, weil ihr beim Schöpfungsprozeß eurer aktiven Rolle für die Quelle keine Wahl hattet.

Nun, ich sage euch hier, daß ihr sehr wohl die Wahl hattet. Ihr alle wähltet diesen Austrittsprozeß selbst. Manche sind nicht damit einverstanden und bleiben deshalb ewig in der undifferenzierten Quelle. Ihr alle seid auf eigene Wahl herausgekommen, aber für einige von euch schien selbst diese Wahl erzwungen. Ihr hattet gewissermaßen das Gefühl, daß ihr bei eurem Austritt nur die Wahl zwischen zwei Übeln hattet.

Wenn wir hier einige dieser tiefen Ursachen betrachten, müßt ihr wissen, daß ich verallgemeinere, und jeder von euch muß noch genauer vorgehen, wenn er verstehen will, wie er persönlich sich seine Wahrheit über die Polarität gewoben hat.

Nun mißversteht mich bitte nicht. Mit eurer göttlichen Absicht kamt ihr liebend und bereitwillig heraus, aber manchmal sieht der unterbewußte schöpferische Prozeß nicht klar. Es besteht die Tendenz, eine bestimmte Sichtweise, die aus *einem* bestimmten Ereignis erworben und mitgebracht wurde, für ewig zu halten. Deshalb ist es so wichtig, sich tief mit diesem Ereignis auf der Ebene der Quelle, das man den Individuationsprozeß nennt, zu befassen. Ihr müßt euch im klaren sein, daß ihr einen umso tieferen Einblick in eure Glaubensstrukturen erlangen werdet, je ehrlicher ihr mit euch selber sein könnt, und daß ihr umso eher beginnen werdet, diesen komplexen Bereich der Polarität zu entwirren und zu klären.

Wir haben hier also eine Energieformel, einen dualistischen Energiestrom, das Männlich-Weibliche, Empfangend-Dynamische. Wie können sie klar miteinander in Beziehung treten und so durch das Akzeptieren des Potentials des anderen jenen Zündungsprozeß ermöglichen, der das, was ihr schöpferisch manifestieren wollt, integriert und ganz sein sein läßt?

Das, meine Lieben, ist genau, was ein Mitschöpfer mit riesigen Energiemengen zu tun lernt. Er erschafft einen ausgewogenen, dualistischen Strom, der sich dann immer und immer wieder auf ewig pulsierende Weise vereinigt und so Schritt für Schritt oder Ebene um Ebene die volle Leistung zündet, die er erschaffen oder hervorbringen will. Das ist die volle Spiralwirkung, die sich immer wieder selbst erzeugt. Er setzt sie lediglich in Gang, und zwar auf solch ausgewogene Weise, daß sie funkt, und ihr voller Gebrauch ist so für alle Ewigkeit gewährleistet. Sie muß auf diesen genauen Balancepunkt eingestellt werden, das heißt, die beiden Energieströme müssen ganz genau und präzise im Gleichgewicht sein. Wenn das erreicht ist, kann der Mitschöpfer diese sich selbst erzeugenden Spiralen erschaffen, die wartungsfrei und von selbst kreativ sind.

Ihr könnt euch das so denken: Vielleicht habt ihr einmal jemanden mit zehn Tellern jonglieren sehen. Wenn nicht, dann sage ich euch, daß die zehn Teller auf zehn Stäbe gebracht werden, und jemand, der gelernt hat, die Teller rotieren zu lassen, geht immerzu von einem Stab zum nächsten, um sich zu versichern, daß die Teller noch im Gleichgewicht sind, und um sie, wenn nötig, wieder ins Gleichgewicht zu bringen. Stellt euch den Mitschöpfer vor, der die schöpferischen Spiralen mit dem vollen Wissen und Verständnis in Bewegung setzt, das dieses Gleichgewicht ewig sein läßt, ohne sich daher Sorgen machen zu müssen, ob er zurückgehen und die Teller überpüfen oder wieder ins Gleichgewicht bringen muß. Stellt euch vor, was für eine aufregende Möglichkeit das ist! Und ihr seid bereit dafür. Jeder von euch will durch den Gebrauch seiner empfangenden Energien, die einen umfassenderen und kreativeren Gebrauch des Selbst in der physischen Sphäre invozieren, entdecken, wer er ist und wo er wirklich steht.

Ich habe die ganze Zeit über den schöpferischen Prozeß gesprochen, und ich meine damit nichts Begrenztes. Ich spreche hier nicht nur von Kunst und Musik, wenn auch diese nicht ausgeschlossen sind, sondern ich spreche vom vollen Gebrauch des ganzen Spektrums eurer Fähigkeiten, mit deren Hilfe ihr innerhalb des Kosmischen Planes für die Erde euch selbst immer umfassender verwirklichen könnt.

Der Kosmische Plan, meine Lieben, ist eine Energiespirale, die auf kosmischer Ebene in Gang gesetzt und dann von jenen von uns, die wußten, wie man das macht, in die physische Existenz heruntergebracht wurde. Es ist ein schöpferischer Plan, der sich selbst erzeugt, aber in der physischen Sphäre muß er vielleicht hin und wieder ein wenig ausbalanciert werden. In seinem geistigen Ideal braucht er das nicht. Sein Gebrauch auf der physischen

Ebene muß jedoch überwacht werden und braucht den schöpferischen „Input“ all jener, die hier auf der Erde sind.

Für mich ist eine der aufregendsten Tatsachen der physischen Existenz diese Fülle von Möglichkeiten und Wahrscheinlichkeiten. Das erscheint euch vielleicht als eine seltsame Aussage. Viele von euch, und das wundert mich ziemlich, scheinen den Eindruck zu haben, daß es der Erde nicht sehr gut geht, daß es so viele Probleme und Traumata gibt, daß sie kaum das sein kann, was sie sein sollte. Nun ja, euer Planet wird ein wenig unklar benutzt. Gewiß enthielt der Plan des Schöpfers, der Kosmische Plan für die Erde, keinen Schmerz, kein Trauma und nicht die vielen Reaktionen und Mißverständnisse, die ihr überall um euch her seht. An dem ganzen Plan gemessen, sind sie doch relativ klein. Wenn ich euch ansehe, jeden von euch, dann sehe ich göttliche Wesen, die dabei sind, in ziemlich kosmischen Ausmaßen zu verstehen, zu begreifen, was nötig ist, um ein guter Mitschöpfer zu sein. Denjenigen von euch, die sich mit ihrer Seele vereint haben oder sich jetzt diesem Punkt nähern, steht die Kraft ihrer Seele zur Verfügung, und das, meine Lieben, ist ehrfurchtgebietend. Wirklich. Die Seelen haben die Kraft in sich, dieses Kapitel des Erdenlebens, an dem ihr alle beteiligt seid, zu Ende zu bringen.

Jeder von euch hat also auf der Seelenebene den Schlüssel zum Verstehen seines schöpferischen Prozesses in sich, und wenn ihr die tiefe Entdeckung macht, was der männliche und weibliche Energiestrom in Wahrheit sind, kann eure Energie sich ihrem idealen Fluß annähern. Jeder Fluß, der aus seinem rechten Lauf gebracht wurde, kann wieder in richtige Bahnen gelenkt werden. Ich rate euch, dafür am Bereich der Polarität zu arbeiten und immer tiefer einzudringen.

5. Laß dich jetzt von der Erde in deiner Evolution anregen

Du, mein Freund, bist aus der Quelle hervorgetreten, hast dich individualisiert. Du bist das Göttliche, das Erfahrungen sammelt. Du wirst den Plan des Göttlichen immer einfühlsamer entfalten. Wenn man das verstanden hat, erkennt man, daß das Ziel des Schöpfers oder, wenn man so will, Gottes, ein und dasselbe ist wie unser eigenes Ziel — es gibt keinen Unterschied; wir entwickeln ein immer besseres Einfühlungsvermögen, um jenen vollkommenen, feinen Punkt des Gleichgewichts zu erreichen, wo wir umfassend dienen und dem Allwissen das vollkommene Werkzeug für seine Erfahrung sein können. Indem wir unsere schöpferischen Fähigkeiten mehr und mehr entfalten, bringen wir unsere Einfühlsamkeit, unser Verständnis in dieses Allwissen ein. Ich glaube, daß die Erdenwesen, die Menschen, umso eher „glücklich" sein werden, desto schneller sie diese allumfassende Reise und ihr Ziel erkennen. Die Menschen streben nach Glück, aber was sie wirklich suchen, ist mehr Verständnis. Was wollen sie verstehen? Ihren eigenen einzigartigen Anteil an der Entfaltung der Evolution des Allwissens.

Nun, das ist schon früher gesagt worden. Es steht nicht nur in diesem Buch. Vielleicht werde ich es ein wenig anders sagen, damit du besser versteht, was es bedeutet. Du BIST die Quelle selbst. Du erschaffst also. Aber wie erschaffst du? Unter welchen Bedingungen gestattest du dem Göttlichen, Erfahrungen zu sammeln? Wenn du dein Leben vom Standpunkt des Göttlichen, der Quelle, aus betrachtest, was tust du, damit das Göttliche göttliche Erfahrungen macht?

Das bedeutet nicht, daß du ständig in einem Zustand

anbetender Meditation versunken dasitzen sollst. Es bedeutet, daß die Entfaltung deines Bewußtseins, das sich spiralförmig mit deiner Göttlichkeit verbindet, objektiv betrachtet werden kann. Wenn du diesen objektiven Standpunkt erreichst und dein Leben hier auf der Erde von diesem Standpunkt deiner Göttlichkeit aus betrachten kannst, wirst du beginnen, das Göttliche in dein Leben zu ziehen. Du wirst es wachrufen. Du wirst es nicht mehr nötig haben, in einem vertrauten Muster zu verharren, nur weil du nicht siehst, warum du darüber hinausgehen solltest.

Der Grund, warum du vielleicht äonenlang in einem Muster geblieben bist, ist, daß du nicht darüber hinaussehen konntest. Laß deine Göttlichkeit darüber hinaussehen. Laß dich von diesem Bewußtsein, vom Standpunkt der Göttlichkeit aus, führen. Wenn du darauf nun antwortest: „Ich weiß nicht, wie. Bei mir funktioniert das nicht", dann schlage ich dir die folgende direkte und praktische Übung vor, die dir hilft, diese Verbindung herzustellen.

Stelle dir einen Rahmen vor, einen Bezugspunkt, oder eigentlich eine Reihe von Bezugspunkten, von denen aus du deine jetzige irdische Existenz sehen kannst. Dies ist eine Übung, um vom Standpunkt deiner Göttlichkeit aus zu schauen, während der Brennpunkt deines Bewußtseins noch in deinem gegenwärtigen physischen Gefährt ist.

Es ist wichtig, diese Übung tatächlich zu *machen,* weil du sie, auch wenn du vielleicht schon beim Lesen verstehst, wovon ich rede, nicht vollständig erfassen kannst, bevor du sie wirklich erfahren hast.

Setze dich also auf einen Stuhl mit gerader Rückenlehne, die Füße flach auf dem Boden, halte die Wirbelsäule gerade, und lege die Hände mit den Handflächen nach oben auf die Knie. Sieh dann etwa 35 cm über deinem Kopf den oberen Querbalken eines Rahmens vor dir. Der Rahmen hat senkrechte Balken, die durch waagerechte Balken miteinander verbunden sind. Jetzt gib diesem oberen Querbalken des Rahmens mit deinen „geistigen Händen" einen Stoß und laß ihn aus seiner jetztigen Lage von etwa 35 cm über deinem Kopf 35 cm weiter hinaufrutschen. Du schaffst so deinem Bewußtsein von dir auf der physischen Ebene einen größeren Bezugsrahmen. Das ist natürlich symbolisch, aber es ist der erste Schritt zur Arbeit mit deinem Selbst, zur Erschaffung des Rahmens, in dem du jetzt physisch sein kannst. Du sagst deinem Selbst symbolisch, daß der Rahmen deiner Existenz jetzt erweitert worden ist. Du kannst, wenn du willst, mit deinen geistigen Händen den Rahmen auch vertikal um 35 cm hinausschieben. Das erweitert den Rahmen deiner physischen Existenz rundum. Meditiere danach ein paar Augenblicke über die Erweiterung deines physischen Seins.

Warum sollst du es überhaupt erweitern? Ist in dem Teil, um den es nun erweitert ist, dein Ziel, dein Sinn innerhalb des Kosmischen Plans enthalten? Ich sage: „ja". Der Grund für die Erweiterung ist genau das: den Bereich einzubeziehen, den wir als dein Lebensziel bezeichnen können.

Die folgende symbolische Erfahrung wird dir helfen, dein Ziel zu erkennen. Du hast den Rahmen deines Seins erweitert, und wir haben gesagt, du sollst ihn visuell in alle Richtungen um ca 35 cm hinausschieben. Sieh nun, wie dieser zusätzliche Raum innerhalb des Rahmens, der nunmehr Teil deines physischen Seins ist, zu schwingen beginnt, und du kannst seine leuchtende Qualität sehen. Diese Schwingung beginnt nun, dein ganzes übriges physisches Sein zu durchdringen, das von diesen Umrissen eingerahmt ist. Seine magnetische Anziehungskraft beginnt, deine Schwingung anzuheben. Wir wollen diese Schwingung mit einer Farbe gleichsetzen. Der neunte Strahl ist hier am sinnvollsten: Blau mit einem grünen Leuchten darin. Sieh, wie beim Erweitern deines physischen Seins der zusätzliche

Raum zu pulsieren beginnt. Und dieses schöne blaugrüne Leuchten, der neunte Strahl, durchflutet nun dein physisches Sein. Er beginnt, in einem gleichmäßigen Rhythmus zu pulsieren. Diese gleichmäßige Schwingung, dieser Puls, ist der Puls des schöpferischen Prozesses selbst, der in dir erweitert wurde. Du kannst durch diese Übung erfahren, wie sich dein Verständnis, deine physische Existenz erweitert. Der Rhythmus des schöpferischen Prozesses wird buchstäblich zu einem Teil deiner bewußten Wahrnehmung. Er pulsiert innerhalb dieses neunten Strahles. Er ist ein regelmäßiger Rhythmus, und er sagt dir, daß du nun dem Verständnis deines Zieles nähergerückt bist.

Beginne nun, die Wahrheit dieser Behauptung zu erkennen. Laß dir von dem pulsierenden neunten Strahl, der sich sammelt und konzentriert, helfen. Laß das Bewußtsein sich auf einen Punkt konzentrieren und dich von dieser Konzentration führen, dein Ziel als das eines Göttlichen Wesens zu erkennen, das für den Kosmischen Plan erschafft. Laß diese Konzentration andauern. Du kannst sie vom Dritten Auge aus lenken und auf die ganze Existenz hinausprojizieren, aber das soll auf integrierte und konzentrierte Weise geschehen.

Nachdem du eine Erkenntnis über deine Ziele gewonnen hast, kannst du beginnen, zu erkennen, WER du bist. Wie könntest du göttliche Ziele haben, wenn du nicht göttlich wärst? Du mußt zu der Erkenntnis gelangen, daß es zwischen dir und der Quelle keinen Unterschied gibt. Du bist die Quelle, und die Quelle ist du. Du kannst dann erkennen, kannst wahrnehmen, daß diese Behauptung wahr ist. Die folgende Übung wird dir, wenn du sie gleich nach der vorherigen machst, dabei helfen.

Sieh, wenn du aus deinem Dritten Auge schaust, in deiner inneren Wahrnehmung eine weite, umfassende Sphäre. Sie ist weiß und enhält alles. Es ist die Quelle selbst. Du weißt und erkennst, daß sie überall ist. Du kannst mit deiner inneren Projektion alles darin sehen. Nun bemerke etwas Interessantes. Du hast sie als eine Sphäre, die überall existiert, angeschaut, durch das Dritte Auge projiziert. Wenn du nun diese Aufmerksamkeit, diese Projektion aufrechterhältst und dich selbst betrachtest, kannst du sehen, fühlen, hören, spüren, ERKENNEN, daß *du* die Quelle BIST. Es gibt keinen Unterschied zwischen dir und Ihr. Das Hier ist dort, das Dort ist hier, du bist ein Teil von allem, und alles ist ein Teil von dir.

Erkenne dies nun, indem du den Bereich der Quelle wie zuvor hinausprojizierst und dann tief in dich selbst hineinschaust und siehst, daß es keinen Unterschied gibt. Die Quelle ist dasselbe wie du. Es gibt keinen Unterschied, außer dem, daß du es vielleicht nicht bemerkt hast. Versuche nun, deine Aufmerksamkeit auf diese umfassende Sphäre zu richten und dort die Quelle zu sehen. Richte deine Aufmerksamkeit auf dein eigenes Inneres und bemerke, daß du auch dort bist. Du und die Quelle sind dasselbe. Die Quelle ist hier, die Quelle ist dort, die Quelle IST. Du BIST.

ICH BIN.

Wenn unsere Wahrnehmungen nicht mehr richtig ausgerichtet sind, müssen wir schauen, warum das so ist. Im Grunde ist alles Schwingung oder, wie Djwhal es sieht und wie er so gut damit arbeitet, ist alles Energie. Die tiefen Gründe für eine solche falsche Ausrichtung liegen in der Energie oder Schwingung eines jeden von euch. Wir müssen also die Abweichung deiner Energie von der Quelle selbst betrachten — wie diese Schwingung vom Ideal abweicht. Diese Schwingung ist einzigartig, sie ist jedoch eigentlich vollkommen harmonisch gedacht. Wenn du dir jedoch falsche Vorstellungen über deine Einzigartigkeit bildest oder über dein Ziel in Verwirrung gerätst, dann schneidest du dich in gewissem Sinne von deiner Beteiligung an der Ganzheit ab, indem du nämlich einen Ton aussendest, der nicht den Ton der Schwingung der Quelle spiegelt. Du mußt mit der Quelle selbst in völliger Harmonie sein, weil du die Quelle selbst BIST. Wenn dein Punkt, dein Brennpunkt der Aufmerksamkeit, nicht mit dem Haupt- und Urton schwingt, der bei deiner Individuation ausgesandt wurde, dann bist du in die Irre gegangen. Du mißinterpretierst dann das Leben, indem du einen unverträglichen Ton aussendest. Du muß durch einen Klärungsprozeß lernen, den Ton erklingen zu lassen, der dir usprünglich bestimmt war, und jeder von euch hat einen einzigartigen Ton innerhalb der Quelle.

Um das zu verstehen und damit arbeiten zu können, mußt du an deinem jetzigen Bezugspunkt ansetzen. Wir können dir helfen, über deinen jetzigen Bezugspunkt hinauszugehen, indem wir dir bestimmte Schwingungsmuster geben, die für dich gerade passend sind. Dafür brauchst du nicht singen zu können. Du brauchst keine geschulte Stimme dafür. Du brauchst nirgendwo beginnen als genau dort, wo du gerade bist.

Ich werde versuchen, dir zu helfen, deinen wahren Ton wiederzugeben, aber du mußt da beginnen, wo du gerade stehst. Das heißt, wenn du deinen Ruf aussendest, kannst du im direkten Verhältnis zur Harmonie dieses Tones mit der Quelle die Allwissenheit anziehen, im direkten Verhältnis zu der Klarheit, mit welcher dein Ton erklingt. Durch deine Klarheit kannst du dich mit diesem Göttlichen Punkt, diesem individuellen Brennpunkt innerhalb der Allwissenheit verbinden. Wenn du deinen Ton klar spiegelst und erklingen läßt, wird die wechselseitige Schwingung innerhalb der Quelle für deinen eigenen Brennpunkt des Bewußtseins zu der vollen Partnerschaft, die sie eigentlich sein soll.

Ich möchte das nun in Hinsicht auf die irdische Ebene besprechen. Du bist, so gesehen, ein individuelles Bewußtsein innerhalb der Gesamterfahrung der Erde. Physisch gesehen, ist die Erde die Ganzheit. Du machst deine Erfahrungen in ihr, als Teil dieser Ganzheit. Wenn du es so betrachtest, kannst du sehen, wieviel die Ganzheit, die wir die Erde nennen, gegenwärtig lernt. Es sind Umwälzungen im Gange, große Veränderungen finden statt. In dem Maße, wie diese Veränderungen immer sichtbarer werden, spiegeln sie sich in der physischen Struktur der Erde selbst. Diese Veränderungen, die sich zuerst in dir abspielen, werden zu einem Teil des geistigen Körpers der Erde; in dem Maße, wie sie jedoch immer offensichtlicher werden, spiegelt auch die physische Erde sie wider. Sie werden tief in der Erde widergespiegelt und brechen manchmal bis an die Oberfläche durch. Dies ist eine Reinigung, ein Läuterungsprozeß. Er ist notwendig, um evolutionären Druck auszugleichen. Ein wenig Reinigung wird nötig sein, ganz gleich, was jetzt noch in der Evolutionsspirale des Menschen ins Sein kommt. Ich meine damit, daß, wie Djwhal gesagt hat, die Menschheit vielleicht viele der Katastrophen, die ihr vorhergesagt wurden, umgehen kann, einige sind jedoch zur Reinigung der Erde notwendig.

Wenn man sich als individuelle Person oder als individueller Planet entwickelt, wenn man lernt und wird, gibt es Druckpunkte, die ausgeglichen werden müssen, denn der Lernprozeß geschieht für die meisten nicht in vollkommener Ausgewogenheit. Es ist wichtig, daß ihr dieses Bedürfnis nach Ausgewogenheit in eurer eigenen physischen Struktur erkennt und daß ihr eben dieses Bedürfnis auch in dem erkennt, was jetzt auf der Erde geschieht. Die Erde ist jetzt tapfer bemüht, ihr Wachstum ins Gleichgewicht zu bringen. Wenn sie es geschafft hat, wird wieder ein anderer zyklischer Vorgang ausgelöst, und sie gerät auf andere Weise ein wenig aus dem Gleichgewicht. Deshalb ist es so wichtig, daß du selbst im Gleichgewicht bist, denn du bist ein

Miniaturabbild der Ganzheit, die, wie gesagt, auf der physischen Ebene die Erde ist. Indem du dein Miniaturebenbild ins Gleichgewicht bringst, wird die Ganzheit ein wenig ausgewogener und ebenso die ganze Evolution der Erde. Es ist ein wichtiger Beitrag zum Wachstumsmuster dieses Planeten.

Wie kann das sein? Nun, deine spezifische Schwingung erklingt jetzt innerhalb des Ganzen, und wenn sie ausgewogen, wenn sie stabil ist, dann werden ihre Ausgewogenheit und Stabilität zu einem Teil der Evolution der Erde, der Schwingung der Erde. Wenn sie unausgeglichen und unstabil ist, wird auch dies zu einem Teil der Evolution und der Schwingung der Erde. Je physisch stabiler die Menschheit jetzt ist, desto stabiler wird die physische Erde sein. Deshalb befasse ich mich so ausführlich mit der Stabilisierung physischer Strukturen. Manche von euch haben sich gewundert, warum ich gerade daran interessiert bin, euch auf diesem Gebiet zu helfen, aber die Stabilität der Miniaturabbilder innerhalb der Ganzheit ist wirklich, wie gesagt, der Schlüssel zur Evolution und Stabilität der Ganzheit.

Wenn du sehen kannst, daß du ein Spiegelbild des Ganzen bist, daß die Ganzheit ein Spiegelbild von dir ist und daß es keinen Unterschied gibt, daß sie ist, was du bist, und wird, was du wirst, dann kannst du allmählich begreifen, daß du mehr Verantwortung für die Evolution hast als du früher dachtest. Angesichts der Millionen — eigentlich Milliarden — von Wesen auf dem Planeten kann man sich leicht ein wenig verloren fühlen, sich sagen, „Vielleicht bin ich unwichtig. Ich bin nur einer von vielen." Ich, Vywamus, sage dir, wie dir schon früher gesagt wurde, daß jedes Wesen, jedes Bewußtsein dem Schöpfer lieb und wert ist und von der Einheit geliebt wird. Jedes ist wichtig. Jede Einzigartigkeit wird heimgebracht in den Liebesaspekt des Schöpfers. Die Einheit liebt euch alle gleichermaßen. Ihr werdet umhegt, geschätzt und geliebt. Das heißt, daß der Part jedes Einzelnen wahrgenommen wird, daß der Part jedes Einzelnen die WEISE ist, wie die Ganzheit, das Allwissen sich an der Existenz beteiligt. Wir haben sie alle gemeinsam. Die Gemeinsamkeit kann nicht genug betont werden.

Das bringt mich zu meinem nächsten Punkt. Dieser nächste Schritt in der Evolution läßt uns alle mehr die Einheit und unsere Rolle darin erkennen. Wir beginnen mehr und mehr, die Wichtigkeit der Gruppe in der Evolution, im Leben zu sehen. Wir verstehen, daß die Allheit kein Ort ist, sondern eine Gruppe von Bewußtseinen, und daß wir eins sind.

Das bedeutet, daß ihr alle hier auf der Erde reflektiert, innerhalb einer Gruppenerfahrung lernt. Ihr seid schon dabei. Ihr seid in der Welt, die eine Gruppe ist. Ihr seid in einer bestimmten Hemisphäre, die eine weitere Gruppe darstellt. Ihr lebt auf einem bestimmten Kontinent, der eine weitere Gruppe ist. Ihr lebt in einem bestimmten Land, das ist noch eine Gruppe. Und ihr wißt, daß Staat, Bundesland, Stadt, Dorf oder Stadtteil, Familie, daß alle diese Einheiten Gruppen sind.

Nun habt ihr alle innerhalb von Gruppen Erfahrungen gemacht und habt über Gruppen bestimmte Schlüsse gezogen. Wenn ihr euch von falschen Folgerungen über Gruppen befreit, bringt euch das in eurer Evolution, eurem Verständnis für das Ganze, für die *Einheit* weiter. Es ist ein Weg, um klarer zu verstehen, was IST.

Erkundet diesen Bereich vollständig und entfernt so viele Blockaden, wie ihr erkennen könnt. Bittet dafür um Hilfe, denn dieser Bereich ist wirklich ein Schlüssel zum Verständnis der Ganzheit, ein Schlüssel, um durch Wachsen und Erfahrung die Einheit schätzen zu lernen. Teilt mit anderen, erkennt, daß alles nur ein Brennpunkt innerhalb der Ganzheit ist, daß *wir* nur ein Fokus innerhalb der Ganzheit sind und daß sie von überall zu unserem Brennpunkt der Aufmerksamkeit zurückspiegelt. Seht, daß dieser Prozeß des Teilens uns Gelegenheit gibt, zu wissen, daß wir zusammen sind.

Die Individualisierung der Erde

An diesem entscheidenden Punkt der Geschichte muß die Menschheit Verantwortung für das Weitergehen auf die nächste Stufe übernehmen. Sie muß bewußt die nächste Stufe herbeirufen. Das ist entscheidend, wichtig und notwendig. Es hängt von der Geschicklichkeit der Menschheit ab, was das Ergebnis sein wird. Die wichtigste Fähigkeit ist, zu erspüren, in seiner Gesamtheit zu erfassen und zu erkennen, was angestrebt wird. Um das zu wissen, muß man es wieder zu der Ganzheit, zur Einheit in Bezug setzen und sehen, daß die Evolution der Erde Teil eines viel größeren Planes ist. Die Erde wird durch diesen Gesamtplan, den sie widerspiegelt, an den Punkt gebracht, wo sie ein Festhalten bzw. eine Existenzform größeren Widerstandes aufgeben und in etwas hineinwachsen kann, was mit der Zeit ihre eigene Spiritualität sein wird. Zur Erklärung möchte ich Folgendes sagen: Alles wächst, wird und entwickelt sich. Die Erde tut dies innerhalb einer Ganzheit. Könnt ihr euch vorstellen, daß die Erde — ja, unsere Erde — den Punkt ihrer Entwicklung erreicht, wo sie sich ihres eigenen Zustandes vollkommen bewußt ist? Die Erde hat diesen Punkt noch nicht erreicht. Sie ist sich der Ganzheit bewußt, aber noch nicht ihres eigenen Zustandes.

Man könnte den gegenwärtigen Zustand der Erde mit dem irdischen Tierreich vergleichen. Jedes Tier ist ein Teil eines Gruppenbewußtseins. Es versteht die Gruppe als sich selbst. Es ist nicht auf Individualität eingestimmt. Es weiß bis jetzt nur von der Gruppe. Auf diese Weise schützt es, wenn man so will, die Herde. Ihr könnt nun sagen, was ist dann mit den einzelnen Tieren, die miteinander kämpfen und so weiter? Das ist nur die Gruppe in ihrem Bestreben, sich ganz zu verstehen. Bestimmte Bewußtseine oder Wesen innerhalb der Gruppe individualisieren sich, das Gruppenbewußtsein selbst ist jedoch nicht individualisiert.

In kosmischem Sinne, nach dem kosmischen Maßstab des Bewußtseins, nähert die physische Erde sich jetzt dem Punkt, wo sie sich ihrer Individualität bewußt wird. Sie ist sich der Ganzheit bewußt gewesen. Nun strebt sie danach, sich selbst besser zu verstehen. Diese Aussage zeigt euch, wie alle Evolution auf jeder Ebene voranschreitet. Zuerst kommt die Ganzheit, dann bestimmte Gruppenbewußtseine. Innerhalb der Ganzheit individualisieren sich bestimmte Gruppen und beginnen ihre Evolution. Dann individualisieren sich einzelne Bewußtseine innerhalb der Gruppe.

Das könnte auf vielen Ebenen beobachtet werden. Und wie ich schon an früherer Stelle sagte, ist vielleicht auch unsere Ganzheit, die wir als die Ebene der Quelle betrachten, nur eine Gruppenerfahrung innerhalb einer noch viel bewußteren und umfassenderen Ebene.

Die Erde ist, obwohl sie in einem Sinne ein Gruppenbewußtsein ist, in einem weiteren Sinne selbst ein individualisierter Teil einer Gruppe. Diese Gruppe, von der die Erde ein individualisierter Teil ist, wird als „physische Existenz" bezeichnet. Das wird vielleicht euer Verständnis von der Erde und wie sie in das Gesamtschema der Dinge hineinpaßt, verändern. Der Schöpfer richtete die physische Existenz als eine Gruppenbemühung ein, individualisierte bestimmte Universen, bestimmte Galaxien, bestimmte Sonnensysteme, bestimme Planeten, eine Gruppe in einer Gruppe in einer Gruppe in einer Gruppe... Ihr könnt das auf jede beliebige Ebene beziehen. Mikrokosmos und Makrokosmos passen bis zur Ganzheit zusammen. Was man hier sehen muß, ist, daß die Erde sich dem Punkt nähert, wo sie sich ihrer selbst bewußt und erkennen wird, daß sie göttlich ist. Nach Beginn des Neuen Zeitalters fängt sie an, ihre Göttlichkeit innerhalb der Ganzheit zu erkennen.

Wenn nun dieser Prozeß beginnt, wird es hier auf der Erde ganz anders sein. Die Erde selbst wird sich wie nie zuvor an dem Neuen Zeitalter beteiligen. Sie wird bewußt an ihrem Wachstum mitwirken.

Vielleicht wunderst du dich beim Lesen dieser Worte: Du hattest dir unter Evolution etwas anderes vorgestellt? Ich meine, streben wir nicht danach, aus dem individuellen Zustand heraus in Einklang mit dem Ganzen zu kommen? Ja. Für dich als spezifische Einheit innerhalb des Ganzen trifft das zu. Ich habe jedoch von der physischen Erde gesprochen, die, wenn du willst, nicht so entwickelt ist wie du. Sie befindet sich an einer anderen Stelle der Meßskala der Evolution. Sie nähert sich ihrer Individuation. Nun, wenn man sich seiner Individuation nähert, dann finden viele Veränderungen statt. Die Göttlichkeit, das Bewußtsein kommen direkt von der Ebene der Quelle. Es wird vielleicht — tatsächlich — in verschiedenen Schritten, in verschiedenen Stadien herunterreflektiert, aber der individualisierte Teil nimmt es nicht mehr als Gruppenbewußtsein wahr. Der individualisierte Teil ist sich (zumindest eine Zeitlang) der anderen seiner eigenen Gattung weniger bewußt. Zuvor wußte er um die Gruppenerfahrung, und im Falle der Erde würden wir sagen, sie kennt jetzt das ganze Universum. Sie kann sich bewußt auf jeden Teil dieses Universums, der zu ihrer physischen Gruppe gehört, einstimmen.

Nach ihrer Individuation, die jetzt beim Anbruch des Neuen Zeitalters erfolgt, wird die Erde nähere Beziehungen zu anderen haben, die sich entwickeln und wachsen wie sie.

Zu dieser Zeit wird der physische Austausch eine Zeitlang notwendig sein. Die Erde wird nicht automatisch auf die anderen reagieren, die sich in ihrer physischen Umgebung befinden. Das heißt, nach dem Individuationsprozeß wird für eine kurze Strecke auf der Evolutionsspirale auf der physischen Ebene eine Schranke zwischen dem individuellen Bewußtsein und den anderen wahrgenommen. Viele von euch begreifen jetzt gerade, daß es zwischen ihnen und anderen Mitgliedern der Menschheit *keine* Schranke gibt. Der Grund, weshalb ich euch das alles sage, ist, daß ihr dann aus eurer umfassenderen Wahrnehmung heraus der Erde bei dieser neuen Gelegenheit zu lernen helfen könnt. Wir alle, die wir in dieser Zeit mit der Erde zu tun haben, können ihr helfen, schnell wieder über dieses Stadium hinauszuwachsen, über diese kurze (in evolutionärem Sinne) Periode hinauszusehen, in der sie sich als Individuum wahrnimmt und nicht, wie noch kurz zuvor, als Ganzheit. Ich würde sagen, die Menschheit ist es der Erde schuldig, sie zu Beginn dieser Periode zu unterstützen. Die Erde wird in ihrem individualisierten Zustand bald dem Sog, dem Ruf zu einer höheren Wahrnehmung Folge leisten.

Wir werden in kosmischem Sinne, und ich bin dabei einer der Mitwirkenden, direkt mit dem Bewußtsein der Erde arbeiten. So, wie ihr (zum Beispiel in der Foundation) an euren Blockaden arbeitet, machen wir der Erde direkt Eingaben über ihre Blockaden. Wir werden sie unterstützen. Aber wenn ihr euch jetzt, in dieser Zeit, der Erde nähert und beginnt, mit ihr in Austausch zu treten, ihr Vertrauen, ihre Unterstützung, ihren Austausch mit euch aufzubauen, dann habt ihr, wenn das Neue Zeitalter beginnt, eine gute Beziehung zu ihr und könnt ihr während dieser Zeit ihrer Evolution helfen.

Bald wird sie über ihre vorübergehenden blinden Flecken hinauswachsen. Sie wird wieder die Ganzheit wahrnehmen, und diesmal wird die Ganzheit in Beziehung zu ihrem Selbst gesehen werden, und die Ganzheit wird antworten. Die Erde wird ihr eigenes Ziel verstehen, ihre eigene Rolle im Kosmos, und das ist natürlich das Ziel des Göttlichen — zu verstehen, zu wissen, zu teilen, sich des Göttlichen und Seiner Evolution immer bewußter zu werden.

6. Zentriertheit – ein Mittel zur Evolution

In dem Maße, wie du zu verstehen beginnst, daß du selbst der Schöpfer deines Lebens bist, öffnest du dich einer Sicht aus kosmischen Perspektiven. Du wirst das Leben mehr und mehr aus dieser kosmischen Sicht betrachten können, aber deine Fähigkeit, das, was du gesehen oder an Verständnis gewonnen hast, auch anzuwenden, wird davon abhängig sein, wie gut du aus einer Bewußtheit heraus handeln oder wirken kannst, die ich „Zentriertheit" nenne. Man könnte wohl auch „Gleichgewicht" dazu sagen, das träfe es sicherlich auch, aber „Zentriertheit" impliziert, daß du selbst das Ganze bist, und das ist zweifellos wahr.

Wir wollen, um das besser zu verstehen, einmal folgendes Beispiel nehmen: Sagen wir, du hast in deinem Leben einen Punkt erreicht, wo du in deinem engeren Umkreis viele Verantwortungen trägst, aber jetzt die Verantwortung auf einer breiteren Skala übernimmst, indem du anderen, der Erde und dem Kosmischen Plan helfen willst. Wie kannst du nun in der Mitte, im Gleichgewicht bleiben, wenn von allen „Seiten", in jeder Hinsicht solche Verantwortungen auf dich zukommen? Jede erfordert Energie und Zeit, und deine Entschlossenheit, dein Göttliches Selbst reagiert auf die Bedürfnisse aller dieser Bereiche.

Heiße jedes Mal, wenn du dich vom Schlaf erhebst, deinen neuen Tag willkommen, deine neue Gelegenheit, deine Bemühungen zu zentrieren und klarer und weiter zu sehen als am Tag zuvor. Der Grund dafür, daß es chronologische Zeit gibt, Liebes, ist der, daß du dadurch dein Lernen buchstäblich zurückverfolgen kannst, das heißt, du kannst dir anschauen, wie du dich selbst vor einem Jahr gesehen hast und wie jetzt, und kannst sehen, wieviel voller und umfassender dein Verständnis jetzt geworden ist. Manche von euch sagen hier vielleicht: „Ich kann gar nichts sehen." Aber wenn du wirklich ehrlich mit dir bist, wirst du sehen, daß dein Verständnis wirklich über frühere Sichtweisen hinauswächst.

Vertrauen ist ein Bindeglied, ein Mittel, um etwas in dich einzulassen, was du zunächst nicht gesehen oder verstanden hast. Ich schlage deshalb vor, daß du jeden Morgen, wenn du aufstehst, dem göttlichen Teil von dir dein Vertrauen aussprichst, daß du deinem Höheren Selbst wörtlich sagst: „Ich vertraue dir und kann deshalb in allem, was auf mich zukommt, in der Mitte bleiben und ich weiß, daß jede Erfahrung, die ich mache, einfach dazu da ist, mich in meinem Lernen, in meinem Selbstentdeckungsprozeß zu unterstützen." Man kann Vertrauen als etwas betrachten, das eine bestimmte Energiezusammensetzung hat. Du kannst es dir buchstäblich anziehen wie ein Kleidungsstück und es in deinem Leben tragen. Ich versichere dir, daß Vertrauen in das Göttliche, in das schöpferische Potential, dir von großem Nutzen sein wird.

Vielleicht möchtest du den Bereich „Vertrauen" in deinem Unterbewußtsein klären. Ihr alle habt bestimme Reaktionen, bestimmte Überzeugungen, die euch das Vertrauen in das Göttliche erschweren. Für manche von euch ist es sehr wichtig, diesen Bereich zu klären, für andere wird es nur eine Erweiterung ihres schon vorhandenen Vertrauens bedeuten. Was auch immer auf dich zutrifft — es wird für dich persönlich und für dein Bestreben, in der Mitte, im Gleichgewicht zu sein, von großem Nutzen sein, an deiner Glaubensstruktur im Bereich Vertrauen zu arbeiten.

Erkenne also, daß wahre Zentriertheit bedeutet, dich selbst als göttliches Wesen anzunehmen, als einen Teil der Interaktion des Ganzen. Das heißt, daß du, wenn du in deiner Mitte ruhst, im Gleichgewicht bist, deinen Platz innerhalb des Ganzen erkennst. Dieser Zustand zeigt dir an, *daß* du zur rechten Zeit an deinem rechten Platz innerhalb des Ganzen bist. Indem du dich also in die Mitte, ins Gleichgewicht bringst, rufst du den idealeren Gebrauch deiner Beziehungen zur Menschheit, zum Tierreich usw. innerhalb des Ganzen wach.

Bedenke, was ich gerade gesagt habe, Liebes. Es ist wichtig. Wenn du in der Mitte bist, bist du offener, entspannter, empfänglicher. Du bist vielleicht in dem Augenblick nicht klarer, aber du bist offener, und wenn du offener dafür bist, deinen Platz innerhalb des Ganzen anzunehmen, dann kannst du mit allen deinen Verantwortlichkeiten auf allen Ebenen leichter, vollständiger und freudiger umgehen.

Deine Verantwortungen, dein bewußtes Engagement innerhalb des Ganzen werden in dem Maße, wie du es für möglich hältst, in der Mitte zu sein, und wie du es mehr und mehr zulassen kannst, zunehmen. Was sich herausbilden wird, ist also die Fähigkeit, das, was das Leben dir bringt, auf eine Weise zu erfahren, auf eine Weise damit umzugehen, die dich nicht überwältigt oder verwirrt, sondern über dich hinauswachsen läßt. Wenn du dich so in die Mitte und ins Gleichgewicht bringst, kann das Sein und das Leben selbst auf kosmischere Weise mit dir interagieren.

7. Was ist Liebe?

Liebe, meine Freunde, ist die Fähigkeit, klar von jedem Standpunkt aus zu verstehen und jeden Standpunkt zu schätzen. Es wird notwendig, umfassende Liebe zu erfahren, um vollkommen verstehen zu können, was die Allheit, die Einheit ist und was Ihre Ziele sind. Wenn du das sehen kannst, ist die nächste Frage natürlich: „Wie kann ich die Liebe immer vollständiger kennenlernen? Wie kann ich verstehen? Ich meine, etwas über die Liebe zu wissen, aber umfassende Liebe? Ich weiß nicht genau, was das heißt."

Ich sage dir jetzt: Genau das ist der Weg, das ist die Suche. Die meisten Menschen auf der Erde sehen die Liebe als Spiegelung, als Behauptung. So wird auf der physischen Ebene das Streben nach Liebe mit anderen in Zusammenhang gebracht. Wir suchen die Liebe durch andere. Wenn du nun verstehen kannst, daß die Liebe durch andere eine Spiegelung ist, bist du in deinem Verständnis schon einen Schritt weiter. Das heißt nicht, daß man nicht nach der Spiegelung suchen soll, aber vielleicht möchtest du auch die direkte Erfahrung anstreben?

Umfassende Liebe bedeutet, die Liebe überall zu verstehen, sie von jedem Standpunkt, aus jedem Blickwinkel zu sehen und zu wissen, daß sie der Schlüssel ist, der Brennpunkt, um den sich alles Sein dreht. Sie ist gewissermaßen das Schmiermittel, von dem alles Sein abhängt. Das sagt nun wirklich sehr viel aus, wenn du einmal darüber nachdenkst. Ohne das Schmiermittel der Liebe ist ein sich entfaltendes Geschehen ärgerlich; die Teile, die zusammenkommen, reiben sich aneinander anstatt zu fließen. Ohne dieses Schmiermittel Liebe ist es völlig unmöglich, alle die Teile, die — auf welcher Ebene auch immer — zusammen die Ganzheit bilden, zu vereinen. Nun, manche vo beginnen gerade erst zu sehen, daß Liebe wirklich Persönliches ist. Sie hat ausgedehnte und weitreichende Möglichkeiten. Ihr bekommt gerade erst eine Ahnung von dem ganzen umfassenden Ausmaß der Liebe. Ich sage es gerne so: Als die Quelle des Lichts überlegte und reflektierte, war die Liebe sehr aktiv, und so wurde das ganze Sein in einen Rahmen der Liebe eingebaut. Es gab so viel davon, daß sie überall hinfließen konnte. Sie wurde als Schmiermittel benutzt, als Brücke, als Rahmen. Es war unendlich viel Liebe da. Sie konnte immer vollständiger für alles und jedes verwendet werden, und das war so und ist so und wird immer so sein. So sehen wir die Liebe und ihre umfassenden Möglichkeiten sich überallhin erstrecken.

Nun braucht jeder von euch nur zu erkennen, daß das so ist, und er erhält Zugang zu diesen unbegrenzten Möglichkeiten, zu diesem unbegrenzten Potential in sich selbst; die Liebe, die so freizügig überall ausgestreut ist, ist da, wenn ihr sie nur wahrnehmen könnt. Ihr braucht ihre Gegenwart nur zuzulassen. Sie wird euch umfangen. Sie wird euch in den Armen halten. Sie wird euch nähren. Was heißt das also? Es heißt, daß die Allheit, die Einheit einen Aspekt hat, der sehr weit ist, der niemals einschränkt und der alles umfaßt, und dieser Aspekt, meine Freunde, ist die Liebe. Denkt an die Liebe. Was ist sie? Analysiert sie, denkt darüber nach, stimmt euch auf sie ein. Auf alles, was sie ist, nicht nur das, was ihr im Augenblick davon versteht.

Hier ist eine gute Übung dafür: Bringe vor dem Schlafengehen irgendwo, wo du es beim Aufwachen sehen wirst, das Wort LIEBE an. Du bringst das Wort außen an, wo du es sehen kannst. Und wenn du dann aufstehst, machst du die Liebe innen fest, wo du sie benutzen kannst. Laß dich einen Tag lang vollkommen auf die Liebe ein. Benutze sie als Bezugspunkt, von dem aus du alles betrachtest. Versuche, alles, was dir begegnet, zu nähren. Das heißt nicht unbedingt, daß du irgendetwas TUN mußt: Es heißt nur, daß du Liebe SEIN wirst. Andere können daran teilhaben oder nicht, das bleibt ihnen überlassen, aber wenn du dich allem mit Liebe, als Liebe näherst, dann beginnst du, dem Großen Wesen nachzueifern, das ihr Christus nennt, dem Großen Wesen, das unter euch lebte. Er war Liebe. Er ist Liebe. Er wird Liebe sein. Die Liebe ist in dir ebenso gegenwärtig wie in ihm. Werde zur Liebe. Sieh das Leben durch sie.

Einige von euch werden Widerstand empfinden, wenn sie das versuchen. Aber wenn ihr diesen Widerstand näher betrachtet, werdet ihr sehen, da es sich dabei nur um ein momentanes Mißverständnis handelt, um ein Mißverständnis im kosmischen Sinne, das sich durch euren Klärungsprozeß leicht beheben läßt. Auch du bist Liebe, wie jeder von euch. Jeder ist der Teil des Göttlichen, der Liebe verbreiten soll, indem er sie manifestiert und benutzt.

Wie manifestiert man Liebe auf umfassende Weise? Zunächst muß man die anderen durch die Augen der Liebe sehen. Ich habe ein wenig gelernt, wie man das macht, und wenn ich euch betrachte, kann ich sehen, an welchem Punkt seiner Evolution sich jeder von euch befindet, aber ich sehe auch eure Liebe, eure Schönheit, euren einzigartigen Anteil an dem Ganzen. Und ich weiß ihn zu schätzen. Ich halte mich nicht mit den Bereichen auf, die ihr noch nicht versteht, außer als Lehrer, um euch zu helfen. Aber wenn ich euch anschaue, dann schätze ich euch, und ihr seid mir lieb und teuer. Ihr bedeutet mir viel, wenn ich euch durch die Liebe anschaue. Ich würde keinen von euch missen wollen und muß es auch nicht. Wir sind zusammen, und wir können jede einzigartige Interpretation der Liebe lieben und schätzen.

Stimuliere den Liebesaspekt in dir, wenn du über etwas meditieren möchtest. Denke über Sie nach. Sie ist ein unendlich großes Thema, und es wird dir nie an Bereichen mangeln, wo du über sie nachsinnen kannst. Betrachte sie durch die Sinne, wenn du deinen Kelch der Liebe so füllst, daß du meinst, er müsse überfließen. Er kann nicht überfliessen. Er wird immer größer. Betrachte dann, wie du die Liebe fühlst. Riechst du sie? Siehst du sie? Hörst du sie? Alle diese Sinne, der ganze Gefühlsbereich, sind in der Liebe besonders wichtig. Komme damit in Berührung. Lerne nicht nur die physische Reaktion auf den Liebesaspekt kennen, sondern auch die Reaktionen auf allen anderen Ebenen deiner selbst. Dann kannst du lernen, alle Teile von dir durch Liebe in Harmonie zu bringen.

Durch die folgende Übung wirst du mehrere Dinge auf einmal erreichen. Du wirst helfen, in eurer ganzen physischen Welt Liebe zu verbreiten. Du wirst auch helfen, Liebe auf allen anderen Ebenen zu verbreiten. In persönlichem Sinne wirst du dich erweitern und mehr Liebe in dich aufnehmen können. Du wirst durch diese Arbeit mit der Liebe wachsen. Du wirst außerdem deine vier Körper ins Gleichgewicht bringen. Jeder der Körper reagiert auf Liebe. Wenn du also Liebe als Brennpunkt benutzt, kommt jeder Körper, wenn du ihn rufst, vollkommen ins Gleichgewicht und in Harmonie mit den anderen. Heißt das, meine Freunde — und ich glaube wirklich, daß es das heißt, daß ihr, wenn ihr immer von Liebe erfüllt seid, wenn diese Liebe immer ganz voll ist, auf allen Ebenen vollkommen in Harmonie seid und dazu beitragt, den Liebesaspekt der Quelle des Lichts selbst ständig zu vermehren? Ja, ich glaube, hier sind wir auf eine Wahrheit gestoßen. Jeder von euch wird, wenn er versteht, was Liebe ist und sich darauf einstimmt, wenn er selbst zur Liebe wird, der Quelle und damit sich selber helfen.

Nun, das haben geistige Lehrer schon seit Äonen gesagt. Seid Liebe! Versteht die Liebe! Und manche haben es versucht und geschafft. Die meisten von euch hier auf eurem Planeten haben es jedoch noch nicht geschafft. Warum ist das so? Nun, vielleicht können wir sagen, daß umfassende Liebe zu erleben, eine Reise ins eigentliche Zentrum ist, zum innersten Kern eurer selbst. Manche von euch sind sich dessen vielleicht noch nicht bewußt. Aber wenn du Widerstände hast, die Liebe anzuschauen, Liebe zu sein, sie auf umfassende Weise zu teilen, dann kann das verschiedene Ursachen haben. Glaubst du, daß du dich verletzbar machst, wenn du Liebe bist? Ja? Werden die anderen dann sehen können, wer du wirklich bist? Wenn du das glaubst, möchtest du diesen Bereich vielleicht einmal näher betrachten und klären. Wenn du Liebe wirst und andere nicht, glaubst du, daß dich das von denen, die du kennst, trennen wird? In Wirklichkeit tut es das nicht. Aber wenn du glaubst, das es so ist, solltest du diese Überzeugung vielleicht auch anschauen und klären. Wenn du die Übungen, die ich hier angebe, beharrlich durchführst, wird dir das helfen.

Und so sage ich dir, untersuche die Liebe. Meditiere über sie und schau, was du darüber glaubst. Betrachte die Liebe, werde dir ihrer bewußt. Sieh, wie umfassend sie tatsächlich ist. Wenn du dich nicht gleich so darauf einstellen kannst, wie du es gerne hättest, dann übe einfach weiter, denn wenn du übst, im höchsten und umfassendsten Sinne zu lieben, so, daß du allmählich wirklich verstehst, was Liebe ist, hilfst du der Quelle des Lichts. Die Quelle wird durch dich die Ganzheit noch besser verstehen und lieben lernen. Ist das nicht ein aufregendes Ziel?

Manche von euch suchen nach dem Ziel ihres Lebens, und ich versichere dir, daß das ein Teil davon ist. Und wenn dein inneres Wesen dir nun sagt: „Ja, das ist ein Teil dessen, weshalb ich hier bin!“ dann wisse, daß ich, Vywamus, das bestätige. Gleich heute, wenn du in diesem Buch liest, kannst du damit beginnen. Wie aufregend! Wie sinnvoll!

Jeder von euch hat viele Ziele. Sie erweitern sich mit eurem Verständnis. Beginne also mit der Liebe. Betrachte sie. Wisse, daß sie mehrere Ebenen hat. Eine der vertrautesten Ebenen ist die persönliche Liebe, die geteilt werden muß, um dir zu helfen — persönliche Liebe erfordert, daß jemand dich wiederliebt, damit du dich gut fühlst. Auf der nächsten Ebene ist die Liebe umfassender, und du schenkst sie, ohne zu fordern, daß sie erwidert wird, aber wenn sie erwidert wird, dann tut dir das gut und du hast es gern, und vielleicht strebst du auch wirklich danach. Auf der nächsten Ebene ist die Liebe noch umfassender, und du schenkst sie denen, die dich umgeben, und dem Planeten selbst auf ganz unbegrenzte Weise. Diese Liebe ist völlig frei. Sie weiß, daß sie in alles hinausströmt und womöglich von niemandem erwidert wird, und das ist auch nicht notwendig. Diese Liebe enthält etwas, was man als Mitgefühl für die Evolutionsstufe der anderen bezeichnen könnte, ohne jede Wertung dieser Stufe; sie akzeptiert andere vollkommen so, wie sie sind.

Der nächste Schritt nach oben, den die Menschheit auf der physischen Ebene jetzt verstehen kann, ist der Punkt, wo du eine Verkörperung der Liebe bist. Du bist Liebe. Und alle Liebe, die es gibt, spiegelt sich durch dich und wird dadurch, daß sie Teil von dir ist, vergrößert und verstärkt. Du sendest sie aus, und du empfängst sie. Du wirkst als Empfänger und als Sender. Du *bist* Liebe. Das ist dein Ziel hier auf der physischen Ebene. Ein Beispiel dafür war Christus. Er wandelte als Liebe auf der Erde. Er zeigte euch den Weg. Er sagte: „Ich bin der Weg“, und natürlich ist das wahr. Das „Ich bin“ ist der Weg. Er gab ein wunderbares Beispiel für andere, das Beispiel eines physischen Wesens, das zeigte, daß die Liebe auf der Erde wandeln kann. Du bist Liebe.

Das Beispiel ist gegeben. Folge ihm. Du brauchst nur in die

Spuren zu treten, die auf eurem Planeten schon hinterlassen worden sind. Ich sage dir, übe dich darin, ein Bewußtsein der Liebe zu entwickeln, werde zur Liebe selbst, indem du mehr und mehr erkennst, was Liebe ist.

8. Teilen – was heißt das?

Während du zu verstehen und zu lernen suchst, wird dir allmählich bewußt, daß man Lernen teilen kann. Vorher hattest du immer den Eindruck, daß Lernen etwas ganz Persönliches sei, was dir allein gehöre, und es drang nur der persönliche Teil des Lernens zu dir vor. Wenn ein kleines Kind zum Beispiel alles über seinen physischen Körper entdeckt, dann ist das eine persönliche Entdeckung, und das Kind hat der physischen Struktur gegenüber ein Gefühl von Besitz. Sein physischer Körper erscheint ihm als persönliches Lernwerkzeug und hat wirklich nichts mit irgend jemand anderem zu tun. Das Kind wird größer und beginnt nun zu sehen, daß andere Menschen auch physische Körper haben, und es fängt an, die Schönheit in den physischen Körpern, die es sieht, zu schätzen. Ein physischer Körper ist wirklich etwas sehr Schönes. Ich, Vywamus, betrachte immer voller Staunen die Symmetrie und den Fluß der Formgebung, den Fluß der Struktur. Ich betrachte eure physischen Körper mit großer Bewunderung. An dem Punkt, wo man beginnt, über den eigenen Körper hinauszusehen, wo man beginnt, die Körper der anderen anzuschauen, besteht die Gelegenheit einer emotionalen Beziehung zu anderen.

Wenn du dich emotional ausdrückst, das heißt, wenn du deine Gefühlsreaktionen wahrnimmst und frei und leicht zum Ausdruck kommen läßt, ohne sie zurückzuhalten, dann nimmst du auch die Gefühle der anderen wahr. Dieses Teilen der Gefühlsreaktionen mit anderen ist ein Teil dessen, wovon ich hier spreche. Wir können Teilen natürlich auf verschiedene Weisen besprechen, und das habe ich auch vor, aber die Bereitwilligkeit, seine Gefühle mit anderen zu teilen, ist wichtig. Wenn ihr eure Gefühle zum Ausdruck bringen, sie anderen zeigen und in euch selbst sichtbar werden lassen könnt, dann könnt ihr ein Beispiel für den Überschwang, für die Freude, für die bedingungslose Liebe, die Demut und Anerkennung der Quelle sein.

Es ist dabei natürlich wichtig, zu erkennen, daß Emotionen wie „Schmerz“, „Schock“, „Kummer“, „Verlust“ usw. nicht notwendig sind; sie hängen mit Mißverständnissen zusammen, und man strebt ja danach, sich von solchen zu befreien. Wir, die Lehrer, haben immer und immer wieder von der Wichtigkeit des analytischen und begrifflichen Denkens gesprochen, aber es ist auch wichtig, seine Gefühle auszudrücken. Das gehört zu dem Teilen und Lieben, das ihr als Teil eures göttlichen Potentials manifestieren möchtet.

Euer wunderbarer Djwhal Khul ist ein herrliches Beispiel für jemanden, der seinen Emotionalkörper auf produktive und hilfreiche Weise benutzt. Ihr habt vielleicht seine Begeisterung, seine Freude, seine Anerkennung und seine Liebe gespürt. Durch ihn kommt unendlich viel Anerkennung auf die Erde, und deshalb lieben und schätzen die Schüler, die mit ihm arbeiten, die Verbindung mit ihm oft über alles und können auch tiefe Blockaden in sich erkennen und loslassen. Man kann sagen, daß ich, Vywamus, ein „Fan“ von Djwhal bin, einer seiner größten Bewunderer, und zwar unter anderem deswegen, weil er so außergewöhnlich gut mit seinen Gefühlsreaktionen umgeht.

Ihr alle, die ihr auf der Erde zusammenkommt, teilt eure Umwelt miteinander, ihr teilt diese spirituelle Gelegenheit, die physisch geworden ist. Im Grunde seid ihr einander also alle in Liebe und Fürsorge zugetan. Diese Liebesnatur gehört zu eurem göttlichen Erbe. Manchmal hindern euch Mißverständnisse über eure eigene Liebesnatur und darüber, wie ihr sie benutzen sollt, daran, diese Liebesnatur tief und voll zum Ausdruck zu bringen, aber sie ist da, sie ist ein

Teil von euch, der von der Quelle selber stammt.

Wir alle sind ein Ausdruck der Quelle, und eines Ihrer göttlichen Geheimnisse ist Ihre Fähigkeit, uns alle gleichermaßen zu lieben, zu verstehen und zu umsorgen. Die Quelle teilt Ihre Liebe und Fürsorge. Sie hat einen unbegrenzten Vorrat davon, genug für alle, genug, um mit allen zu teilen. Auch du, als ein göttliches Wesen, hast genug Liebe, genug Fürsorge, um sie mit allen zu teilen. Nicht wahr? Ich bin hier, um dir zu sagen, daß es so ist, und deine Entdekkung und Erforschung des Herzzentrums oder Herzchakras ist vielleicht einer der wichtigsten Abschnitte deiner Evolution.

Ihr teilt euch euren Planeten. Vielleicht hast du das Gefühl, daß dir nichts anderes übrigbleibt, du bist in eine physische Struktur hineingeboren worden, und nun bist du hier, und alle anderen sind auch hier, und an diesen Umständen kannst du nichts ändern. Dieser Bereich — die Bereitwilligkeit, zu teilen — ist also wichtig. Sicherlich ist die Realisation, wie ich immer wieder gesagt habe, unbedingt erforderlich für deine Selbstentdeckung. Es ist wichtig, Blockaden aufzulösen und zu realisieren, doch von einem anderen Standpunkt aus betrachtet, mußt du, wo immer du in deinem Transformationsprozeß gerade stehst, bereit sein, mit anderen zu teilen, und darauf hinarbeiten, deine wahre Liebesnatur zum Ausdruck zu bringen.

Während du dich entwickelst und wächst, gibt das Leben dir unzählige Gelegenheiten, deine Entdeckungen mit anderen zu teilen, aber auch — und das ist vielleicht noch wichtiger — das, was du bist, und deine Liebesnatur mit anderen zu teilen. Jeder von uns ist in Wahrheit ein Lichtpfeiler, ein Stützpfeiler, wenn du so willst, innerhalb des Ganzen. Manchmal hat ein „Schäfchen" sich verirrt und ruft um Hilfe, und wenn du derjenige bist, dem es sich in seinem verlorenen Zustand zuwendet, dann sei bereit, ein wenig von deiner Kraft, von deinem Licht und deiner Liebe abzugeben. Mit jedem Male, wo du das tust, wird es leichter, deine Liebesnatur weiter zu gebrauchen.

Weißt du, diese Gaben, diese Werkzeuge des Göttlichen, sind dazu da, daß wir alle sie benutzen, aber wir müssen bereit sein, uns mit ihrem Gebrauch vertraut zu machen, dann können wir sie mit allen anderen teilen. Auf diese Weise wächst und lernt das Ganze und entwickelt sich weiter. Ich sage dir jetzt: Teilen wird dein ganzes Potential zu dir bringen, denn durch dein Teilen, durch deine Liebe wirst du Reaktionen von anderen wecken, aus denen du lernst und die dich erkennen lassen, was dir als einem Göttlichen Wesen jetzt zur Verfügung steht. Wenn du nur einen kleinen Schritt tust und kurz mit einem anderen teilst, dann hast du die Evolution des Ganzen wahrlich auf sehr kosmische Weise „erleuchtet"!

Wenn ihr teilt, ihr Lieben, dann zieht ihr die Aufmerksamkeit der Quelle an, ganz gleich, ob ihr diese nun als „Selbst" oder als „das Ganze" bezeichnet. Ihr werdet zu einem Magneten, der eine klarere, entwickeltere Manifestation der Quelle anzieht.

9. Liebe ist eine Brücke

Liebe baut eine Brücke von Verständnis, von Gewahrsein, die euch mit eurer Fähigkeit, alle eure Kräfte und Anlagen in eurem Leben auszuschöpfen, verbindet. Wir haben die Liebe auf verschiedene Weise besprochen, aber es ist wichtig, sie als tatsächliche Energie zu sehen, die euch eine Struktur, eine Brücke zu dem Punkt baut, wo ihr klarer verstehen könnt.

Nun sagst du vielleicht: „Vywamus, das verstehe ich nicht. Liebe ist wichtig, das spüre ich. Aber wie kann sie, bitte, Brücken schlagen?“ Ich sage dir, sie schlägt nicht nur Brücken, sie schafft auch Öffnungen, und die wichtigste Öffnung ist die zu deiner eigenen Evolution. Der Schlüssel oder das Mittel zum Gebrauch deiner eigenen Fähigkeiten liegt in der Liebe und im Zulassen. Viele von euch sind ziemlich „hart“ gegen sich selbst, vielleicht aus einem Gefühl heraus, daß sie nicht gut genug sind, um ihr ganzes Potential nutzen zu dürfen. Die Brücke zu diesem Potential wird von der Liebe und vom Gewähren gebaut. Dein Wunsch, ein Ausdruck bedingungsloser Liebe zu sein, um anderen zu helfen, kann diesen Bereich wachrufen.

Wenn du anderen helfen möchtest, aber manchmal frustriert bist, weil du nicht weißt, was du einem bestimmten Menschen sagen sollst, dann versuche zuerst, ihn bedingungslos durch die Augen der Liebe zu sehen. Das entspannt dich und ermöglicht dir, den anderen ohne Urteil zu sehen. Durch bedingungslose Liebe fließen die Worte oft so, wie es sonst nicht möglich wäre. Diese Worte, die durch deine Liebe aus dir fließen, erstaunen dich vielleicht selbst, denn du hast sie nicht mit dem Kopf hervorgebracht, sondern durch die Liebe. Lasse es zu und sieh, wie daraus eine Brücke gebaut wird, die einem anderen hilft.

Vergiß nicht, auch dir selbst, als einem Göttlichen Wesen von unbegrenzten Möglichkeiten, Liebe zufließen zu lassen. Sieh dich selbst als ein Göttliches Wesen, dem du genauso helfen möchtest, wie einem anderen. Laß dir durch Liebe und Zulassen eine Brücke zu dem Prozeß des Lernens und Entdeckens bauen, der Evolution genannt wird.

Denk daran, eine Brücke verbindet, und wozu du jetzt Verbindung herstellen möchtest, ist der Lernprozeß; du willst alle Perspektiven oder Standpunkte, die du gesammelt hast, zu dem kosmischen, unbegrenzten Standpunkt vereinen, in den du jetzt hineinwachsen möchtest. Erkenne diese Brücke, die Liebe hinausfließen läßt und dir die unbegrenzte Sichtweise zurückbringt, die du suchst.

10. Der Faktor der Bequemlichkeit

Vielleicht fühlst du dich von mir zu sehr unter Druck gesetzt, dich zu entwickeln. Es soll nicht „anstrengend" sein, aber diese Zeit ist sehr wichtig, und deshalb richte ich meine Bemühungen sehr stark darauf, euch bei der Entfaltung eures ganzen Potentials zu helfen. Ich kann dieses Potential vielleicht klarer sehen als ihr und kann euch sicherlich dabei helfen, es zu erkennen und zuzulassen, daß es sich auf der Erde manifestiert. Ihr seid die Arbeiter, die das Neue Zeitalter hervorbringen, und ich möchte mich vor allem darauf konzentrieren, wie diese Arbeit intensiviert werden kann. Ich will damit nicht sagen, daß ich irgend jemanden zu irgendetwas zwingen will, aber ich werde mich in meinem Umgang mit jedem von euch darauf konzentrieren, euch euer wahres Selbst, euer wahres Wesen, eure eigene einzigartige Göttlichkeit und euren eigenen Platz in dem Ganzen erkennen zu helfen. Zuerst müssen jedoch für einige von euch die Hindernisse beseitigt werden. Ihr müßt zuerst erkennen, was euch hier überhaupt angeboten wird. Ich komme jetzt, um euch zu sagen: „Tretet in dieses neue Selbst heraus; verlaßt die Hülle der falschen Wahrnehmungen; laßt das Gehäuse, das wir „Persönlichkeit" nennen, zurück. Macht euch auf und tretet in das neue Muster hinaus, das euch erwartet, hinaus in die Welt der Seele. Die Erdenerfahrung ist dafür eine wunderbare Gelegenheit."

Nun muß jeder einzelne von euch für sich erkennen, warum die Mißverständnisse ihn gefangenhalten, warum er die Illusion aufrechterhält. Ich habe den Eindruck, als ob bei vielen von euch dabei der Faktor der Bequemlichkeit eine Rolle spielt. Das Vertraute ist hier. Deshalb wollt ihr, selbst wenn ihr nach eurer Göttlichkeit strebt, dazu den

Rahmen euer jetzigen Bequemlichkeiten nicht verlassen. Ihr habt Angst, darüber hinauszugehen. Die Erde, die euch im Neuen Zeitalter erwartet, ist jedoch eine ganz neue Erfahrung, und einige der Dinge, die euch jetzt vertraut sind, werden nicht mehr da sein. Laßt diese Bequemlichkeiten jetzt los. Seid bereit, darüber hinauszugehen. Sagt: „Ich führe jetzt in meinem Leben eine planvolle Disziplin ein, um mich auf diese Veränderungen, auf diese Zeit der Reinigung, die bald über uns kommt, vorzubereiten." Wenn eure Bequemlichkeiten weiterhin bestehen bleiben, wird es ein Schock für euch sein, wenn es diese Bequemlichkeiten auf der Erde nicht mehr gibt. Es wird ein Schock sein, wenn ihr sie nicht mehr habt. Ihr könnt euch darauf vorbereiten, indem ihr euer Bedürfnis nach all diesen Dingen loslaßt.

Ich sage das sehr vorsichtig, in dem Wissen, daß ihr ein Recht auf alles habt, was hier ist. Ihr habt ein Recht auf euren Bequemlichkeitsfaktor, so wie er ist. Da ihr jedoch gewählt habt, über den jetzigen Zustand der Erde hinauszuwachsen, müßt ihr auch eure Bequemlichkeiten loslassen. Wenn ich die Menschheit und insbesondere die Lichtarbeiter betrachte, habe ich den Eindruck, daß dieser eine Aspekt überwunden werden muß, daß ihr wirklich mit eurer Hingabe an das Dienen, mit eurem Wunsch, über eure jetzige Evolutionsstufe hinauszuwachsen, das Bedürfnis überwinden müßt, es immer bequem zu haben, denn ihr müßt die Evolution in jedem Teil eures Selbst erfahren. Wenn ihr darauf besteht, es dabei bequem zu haben, hindert euch das in gewissem Sinne daran, euch wirklich verstärkt und produktiv darauf einzulassen.

Wenn dich zum Beispiel dein Schlafbedürfnis nachts viele, viele Stunden im Bett hält, dann schau dir das an. Kannst du vielleicht mit weniger Schlaf auskommen? Warum du das solltest? Weil du gewählt hast, zu dienen, mein Freund. Weil du über deine jetzige Stufe hinaussiehst.

Weil du die Bedürfnisse der anderen siehst. Weil du jetzt auf einer höheren Ebene erfahren willst, mein Freund, wie es ist, bei jeder Gelegenheit deine Bedürfnisse, Wünsche und Begierden loszulassen. Entschließe dich zum Vorwärtsgehen. Entschließe dich, immer umfassender zu dienen.

Nun sage ich hier nicht, daß du in einen Ashram gehen und deine familiären Verpflichtungen vernachlässigen sollst. Ich sage nur, daß ein wenig mehr Disziplin in eurem persönlichen Leben für viele von euch von großem Nutzen sein wird. Wenn ihr mehr erfahren wollt, dann werdet ihr statt eurer Bequemlichkeiten (und mein Beispiel war „Schlaf") natürlich auf den inneren Ebenen arbeiten. Das ist sehr wertvoll. Ihr müßt jetzt jedoch mit eurer Aufmerksamkeit auf der Erde sein, meine Freunde, bei der äußeren Erfahrung. Je mehr Zeit ihr darauf verwendet, desto besser. Das heißt nicht, daß die physische Struktur keine Erholung braucht; sie muß sich ausruhen. Ihr könnt jedoch in gewissem Sinne mit weniger Schlaf auskommen, und zwar dann, wenn ihr euch dafür entscheidet. Ihr könnt an jedem Punkte eurer Evolution solange ihr wollt verweilen. Aber wenn ihr jetzt wählt, daß ihr dienen, daß ihr alles Vergangene in euch ans Licht bringen und auf eine neue Wahrnehmungsebene gelangen wollt, dann ist das ein Schlüssel dazu: Dinge aufzugeben, die scheinbar sein müssen — wie zum Beispiel das lange Schlafen. Das heißt nicht, daß ihr es von heute auf morgen schaffen werdet. Es bedeutet, daß ihr anfangen könnt, daran zu arbeiten. Ihr könnt bewußt wählen, ein Muster, das ihr jetzt habt, zu verändern. Ihr könnt Dinge aufgeben, die scheinbar sein „müssen", und könnt durch eure bewußte Wahl beginnen, über eure jetzige Ebene hinauszuwachsen. Durch eure Hingabe an das Dienen, eure Hingabe an den Kosmischen Plan werdet ihr es schaffen.

Euer Kontakt mit mir wird nun ziemlich intensiv sein, weil ich euch Dinge lehre, die euch, wenn ihr sie anwendet, rasch zur Verschmelzung mit eurer Seele führen werden. Aber ihr trefft jetzt ganz bewußt die Wahl, ob ihr euch selbst genügend diszplinieren wollt, um sie zu bewältigen. Ich bin nicht so diplomatisch, wie ihr es vielleicht nennen würdet, wie Djwhal Khul. Ich gebe euch, was ihr braucht. Es ist eure Wahl, ob ihr das, was ich sage, annehmen und tun wollt oder nicht. Aber ich werde euch viel Material geben, viele Möglichkeiten, über das „Jetzt" der Erfahrung in der Erdensphäre hinauszusehen. Ich sage euch jetzt, meine Freunde: „ANTWORTET DEM RUF EURER SEELE. KOMMT HERVOR, FOLGT IHREM RUF. SIE RUFT EUCH. DIE GÖTTLICHKEIT WINKT EUCH, UND ICH SEHE, WIE IHR EUCH ERWEITERT. ICH, VYWAMUS, WERDE EUCH HELFEN." Das Göttliche hat seine Aufmerksamkeit wie nie zuvor auf die Erde gerichtet, und jeder von euch hat die Gelegenheit, darauf zu reagieren.

Ihr werdet mich viel tönen hören. Ich helfe dem Göttlichen in euch, indem ich bestimmte Töne zum Schwingen bringe, und das werdet ihr hören. Diese Töne haben eine bestimmte Schwingungsfrequenz, die die Tür in euch öffnet. Ihr müßt jedoch durch die Tür hindurchgehen, und dazu braucht ihr Selbstdisziplin. Wenn ihr einmal genau darüber nachdenkt, könnt ihr sehen, wie diszipliniert die Quelle ist. Die Quelle hat ein Ziel, und die Schöpfung bewegt sich in absoluter Vollkommenheit auf dieses Ziel zu. Die Schöpfung erweitert sich unablässig auf ganz konzentrierte und disziplinierte Weise. Es gibt niemals irgendwelche Umwege. Die Quelle sagt nie: „Ich bin zu müde. Ich brauche mehr Ruhe. Ich brauche mehr Schlaf." Disziplin setzt den Ton für eure Evolution. Ihr fühlt euch nicht als Märtyrer. Ihr tut es gern und voller Eifer, weil ihr es der Quelle selbst gleichtun wollt. Ihr wißt, daß Dienen heißt, ständig eure Erkenntnis bewußt anzuwenden.

Bitte versteht mich nicht falsch. Ihr seid Menschen und

braucht Pausen in dieser Intensität. Ihr braucht Freunde und Geselligkeit. Ihr braucht Zeiten vollkommener Ruhe. Das gehört zum physischen Leben. Aber jeder von euch, meine Freunde, ist ein Schüler. Manche von euch nähern sich dem, was Djwhal „Initiation“ nennt, und ihr müßt erkennen, daß Dienen, daß der Kosmische Plan des Schöpfers alles für euch ist, und müßt anfangen, es wirklich zu eurem „Ein und Alles“ zu machen. Ihr müßt jede Erfahrung vollständig in euer Leben integrieren. Ihr könnt nicht davon ausgehen, daß der Bereich des Dienens schon für sich selber sorgen wird. Ihr müßt ihn durch eure Disziplin und eure Lebensweise hervorbringen. Das bedeutet das Eingeweihtsein, die Initiation. Es ist das Mittel, um anzufangen. Ihr habt begonnen, euch zu dem Punkt vorzuarbeiten, wo ihr dem Schöpfer hundertprozentig dient. Das ist die esoterische Bedeutung des Wortes „Initiation“. Es ist der Anfang des Zustands der Hingabe, jenseits dessen das weitere Dienen größer ist, als irgend einer von euch es sich vorstellen kann.

Nun, ich will niemanden von euch überfordern. Djwhal Khul wird euch Schritt für Schritt auf diese Initiation zuführen, die bedeutet, daß ihr mit eurer Seele eins werdet. Aber ich, Vywamus, werde euch verstehen helfen, daß euch ALLES erwartet, wenn ihr durch eure Disziplin, durch eure Bereitwilligkeit, zu dem großen Ereignis beizutragen, das wir den „VOLLKOMMENEN DIENST AM KOSMISCHEN PLAN DES SCHÖPFERS“ nennen, die Initiation erreicht habt. Eure Verantwortung ist, euch selbst an diesen Punkt zu bringen, nach dem eure innere Göttlichkeit alles weitere führen und initiieren wird.

Ich, Vywamus, sage euch: „HELFT EUCH JETZT. FOLGT DEM RUF EURER SEELE.“

11. Jetzt Gelegenheiten wahrnehmen

Fangt jetzt an, klarer zu sehen. Ich möchte das erklären, damit alle verstehen, was ich damit meine. KLARHEIT IST DIE FÄHIGKEIT, OHNE BEZUG AUF DIE VERGANGENHEIT ZU SEHEN, UNVERZERRT VON DINGEN, DIE VERGANGEN SIND. Klarheit heißt, eine Gelegenheit objektiv wahrzunehmen. So sieht die Quelle des Lichts das Sein — mit Klarheit. Sie sieht alle Möglichkeiten, die es gibt, und fängt an, sie auf umfassende Weise zu erforschen. Man sagt, die Existenz sei „kompliziert", aber in Wirklichkeit ist sie das nicht. Sie ist nur das Ergebnis des Erkundungsprozesses der Quelle des Lichts, die jede mögliche erfahrbare Facette erforscht. Wenn ihr das ganz verstehen könnt, erfahrt ihr es auf multidimensionale Weise. Stellen wir uns, um dies anschaulich zu machen, einen Würfel vor, den wir „das Sein" nennen. Ein Punkt des Seins ist deine jetzige Totalität, und der Rest des Würfels besteht aus anderen Punkten, anderen Totalitäten innerhalb der Ganzheit, für die wir den Würfel genommen haben. Oder betrachte eine Kugel, die so viele Facetten hat, wie du dir nur vorstellen kannst, und noch ein paar mehr. Sie hat potentiell unendlich viele Facetten. Jede Facette ist eine Totalität, eine Existenz, die von einem bestimmen Punkt, den wir die Quelle des Lichts nennen, im Bewußtsein gehalten wird. Du kannst ein produktiver Teil dieser Ganzheit sein, wenn du klar siehst, was die Existenz in Wirklichkeit ist und dein ganzes Potential benutzt.

Die physische Sphäre bietet dir beinahe unbegrenzte Möglichkeiten, dein Potential direkt hier und jetzt auf der Erde auszuleben. Du mußt jedoch die Gelegenheiten erkennen, wenn sie auf dich zukommen. Du mußt wählen, sie zu ergreifen. Du mußt wach genug sein, um zu sehen, wie eine ganz bestimmte Gelegenheit dir ermöglichen wird, dein Potential zu leben. Die Quelle des Lichts, die du bist, erfährt und lernt durch ihren Erfahrungsmodus. Auch du kannst aus allem lernen.

Vielleicht hast zu zum Beispiel Gelegenheit, neue Menschen kennenzulernen, aber du sagst: „Ich bin zu müde. Ich mache das jetzt nicht.“ Das ist in meinen Augen eine verpaßte Gelegenheit. Du hast eine Gelegenheit verpaßt, dich mit anderen Teilen der Ganzheit auszutauschen, mit ihnen zu kommunizieren. Ich sage nicht, daß du automatisch jedes Mal, wenn du irgendwohin eingeladen bist, hingehen sollst. Natürlich nicht. Ich sage, daß du eine Gelegenheit, die sich bietet, als solche erkennen sollst, als eine Gelegenheit, durch Erfahrung zu lernen, und daß du sie dann zu deinem Nutzen ergreifen und nicht nur bequem da bleiben sollst, wo du gerade bist, zu müde vielleicht, zu uninteressiert, um dir die Mühe zu machen, über dein vertrautes Muster hinauszugehen. Ich spreche deshalb von dem Austausch mit neuen Menschen, weil neue Anschauungen, wenn sie mit deiner Wahrnehmung in Austausch treten, dich lernen und wachsen und auf andere Weise wahrnehmen lassen, als du es zuvor verstanden hattest. Wenn du es zuläßt und weißt, daß es eine Lerngelegenheit ist, macht dich das weiter. Jemand wie Djwhal Khul lernt bei jeder Gelgegenheit und weiß, daß er aus dem Austausch mit jedem von euch etwas lernen kann. Er sagte mir, er habe aus diesen zwei Jahren, die er mit euch allen gesprochen hat, vielleicht mehr gelernt als in vielen Erdenleben. Warum das? Weil er jetzt bewußter ist. Er erkennt, daß man Diskussionen und den Austauch mit anderen Anschauungen zum Lernen nützen kann. Du siehst, der Lehrer lernt mehr als der Schüler. Es ist so interessant für ihn, durch diesen Austausch mit euch zu lernen. Auch du kannst, wenn du alle deine Interaktionen so objektiv und bewußt betrachtest, aus jedem einzelnen Augenblick deiner Erdenerfahrung lernen.

Was geschieht, wenn du beginnst, das Leben auf der Erde auf diese Weise zu sehen? Die Freude erwacht in dir. Sie sagt: „Ja, der Sinn des Seins ist zu lernen, und mir ist jetzt bewußt geworden, daß ich es die ganze Zeit tue. Die Gelegenheit dazu ist ständig da, und ich freue mich darüber. Ich feiere diese Gelegenheit jetzt durch meine Freude. Vorbei ist der Schmerz, vorbei das Verlustgefühl, vorbei die gefühlsmäßigen Reaktionen, die mich früher festgehalten haben. Was ich fühle, ist Freude, denn ich sehe, daß die Quelle des Lichts selbst mir diese Gelegenheit geschenkt hat. Sie hat mir jetzt erlaubt, ins physische Sein zu kommen." Die Gelegenheit ist da, meine Freunde, euch mehr und mehr mit anderen auszutauschen, die auch jetzt hier sind, ihnen zu erzählen, wie ihr die Dinge seht, und von ihnen zu hören, wie sie sie wahrnehmen, und so zu lernen, zu wachsen, euch zu entwickeln und zu dienen, meine Freunde, der Quelle des Lichts zu DIENEN.

Seht ihr nicht, was für eine Gelegenheit das Erdenleben ist? Daß es so viele gibt, die sich diese Gelegenheit wünschen? Es ist nicht möglich, daß alle, die es sich wünschen, diese Erfahrung machen. Dieses schöne Juwel, das ihr „Erde" nennt, leuchtet und zieht viele Wesen an. Sie ist beileibe nicht der kleine dunkle Planet, als den viele sie bezeichnet haben, sondern ein Edelstein, ein Juwel innerhalb der Ganzheit, der erforscht, gelebt, gehegt und gepflegt, GELIEBT und in dem göttlichen Wissen erlebt werden soll, welch ein Geschenk das ist. Die Quelle des Lichts bringt einen Teil ihrer selbst hervor und sagt: „Mache nun Erfahrungen, und ein Teil deiner Erfahrung wird eine kurze Spanne in chronologischer Zeit sein, die ‚Erdenleben' genannt wird." Welche Freude, welche Dankbarkeit, welche Liebe, welche Möglichkeit zum Austausch ist das! Nun sagen manche von euch vielleicht: „Das habe ich mein ganzes Leben lang gehört, daß ich die Erde schätzen soll, aber ich lebe in solchem Schmerz. Ich lebe jetzt nicht so, wie ich es möchte, sondern wie ich muß. Ich kann nicht über meinen Schmerz, mein festgefahrenes Gefühl hinaus, obwohl ich es versucht habe und noch versuche; ich weiß nicht, wie."

Nun, meine Freunde, ich sage euch, die Gelegenheit ist da. Die Evolution der Erde bringt sie euch jetzt. Hier ist die Gelegenheit, und ich, Vywamus, biete sie euch jetzt an. Wißt, wer ihr seid. Werdet euch dessen bewußt. Benutzt jetzt die Techniken, die euch zur Klarheit verhelfen können. Übernehmt volle Verantwortung dafür. Ihr seid zu keiner Erfahrung *verdammt.* Ihr seid GÖTTLICH, ihr habt die Wahl, und ihr habt sie jetzt. Ihr habt bereits die Wahl getroffen, am Kosmischen Plan für die Erde mitzuwirken. Tut das jetzt noch stärker, in noch größerem Umfang. Setzt euch jetzt mit mir in Verbindung und sagt: „Ich will dienen. Hilfst du mir?" Kommt jetzt zu mir, Freunde, und ich WERDE euch helfen. Ich verspreche euch, daß ich, Vywamus, jetzt komme. Ich habt meine Gegenwart herbeigerufen, ihr habt mich zur Hilfe gerufen. Wir sind nicht getrennt, wir sind eins. Wir sind nur individuelle Brennpunkte des Bewußtseins innerhalb des Ganzen. Nehmt eurer ganzes Potential zusammen und bringt die Erde voran. Engagiert euch in einer Gruppe, wie der Foundation oder etwas ähnlichem, die die Evolution der Menschheit voranbringen will. Engagiert euch, und gemeinsam wird sich die Menschheit dieser wunderbaren Gelegenheit, die jetzt kommt, immer bewußter werden.

12. Ein sanfter „Schubser“

Das Leben schubst einen von Zeit zu Zeit ein bißchen. Das habt ihr vielleicht schon bemerkt. Aber was heißt das wirklich? Ich möchte es jetzt ausführlicher mit euch besprechen, damit ihr seht, daß diese „Schubser“ eure Zündung sind, der Vorgang, der euren schöpferischen Funken entzündet. Das klingt vielleicht ziemlich esoterisch, aber meine Lieben, wir sprechen hier auch über einen esoterischen Vorgang. Der schöpferische Prozeß geht über die physische Existenz hinaus. Es ist ein Prozeß, der aussortiert, der buchstäblich alles durchsieht und es dann wieder integriert, damit ein tieferer, umfassenderer, erfüllenderer Zustand verwirklicht werden kann.

Um das klar verstehen zu können, wollen wir einmal folgende Situation betrachten. Sagen wir, du bist Schauspieler/in. Du hast dich durch eine bestimmte Ausbildung auf deine Tätigkeit vorbereitet, zum Beispiel durch den Besuch einer Schauspielschule. Du hast den Abschluß gemacht und mit deiner Schauspielerlaufbahn begonnen. Durch die Empfehlungen der Schule bekamst du bestimmte Gelegenheiten, deine Ausbildung eröffnete dir buchstäblich bestimme Wege. Du mußtest die Gelegenheiten, die sich dir boten, jedoch ergreifen. Vielleicht empfahl die Schule dich einigen Produzenten, die dich interviewten, um zu sehen, ob du für eine bestimmte Rolle geeignet wärest. Nehmen wir an, du machtest deine Sache gut, bekamst einige kleine Rollen und spieltest sie gut. Dein schauspielerisches Können war so bewiesen. Aus diesem Anfang entwickelten sich weitere Gelegenheiten, kamen größere Rollen auf dich zu. Du wurdest als guter Schauspieler bekannt, spieltest verschiedene Rollen und spieltest sie gut.

Nun sagen wir, sind zehn Jahre vergangen, und dein Agent schickt dir ein Manuskript mit der Bemerkung, daß eine Rolle für dich darin ist. Beim Durchlesen wirst du ganz aufgeregt, deine Intuition sagt dir, daß das eine wichtige Gelegenheit für dich ist. Du nimmst die Rolle begierig an, beginnst mit den Proben und hast tatsächlich nach Beendigung der Produktion eine gewisse Berühmtheit als Schauspieler/in erlangt.

An diesem Punkt beginnt das Leben, dich ein wenig zu „schubsen". Was heißt das? Wenn du in dem schöpferischen Prozeß sichtbar wirst, kommen gewisse Verantwortungen auf dich zu. Du wirst vielleicht gebeten, auf Wohltätigkeitsveranstaltungen zu erscheinen oder auf eine Tournee zur Förderung bestimmter Aktivitäten zu gehen. Wenn das Leben dich in dem schöpferischen Prozeß ein wenig „schubst", öffnen sich dir viele Türen.

In gewissem Sinne seid ihr alle Schauspieler, nicht wahr? Ihr seht das vielleicht nicht als euren Beruf an, aber ihr seid auf der physischen Ebene und spielt eine bestimmte Rolle und bemüht euch, den Anforderungen zu genügen, die sie euer Meinung nach mit sich bringt. In dem Maße, wie ihr immer besser „spielt", beginnt das Leben nun, euch ein wenig zu „schubsen". Ihr merkt, daß eure Verantwortungen größer werden. Jedes Mal, wenn euch bewußt wird, daß ihr eure Rolle besser erfüllt, kommt ein „Schubser", der buchstäblich ein Kontakt mit der nächsten Ebene oder nächsten Möglichkeit ist, die dann das größere und vielleicht, — zumindest von einem bestimmten Standpunkt aus betrachtet — wünschenswertere Leben ermöglicht, das ihr jetzt manifestieren möchtet.

Manche von euch wollen also vielleicht ihre Mißverständnisse im Bereich „Verantwortung" ausräumen. Wenn ihr besser sehen könnt, was Verantwortung eigentlich ist, wird euch das helfen, die kleinen „Schubser", die da kommen, anzunehmen. Verantwortung ist einfach das, was ihr als angemessenes Führungssystem in eurem Leben, in eurer Evolution akzeptiert habt. Es gibt keinen Grund, Verantwortung zu fürchten oder euch dagegen zu wehren, keinen Grund, euch von mehr Verantwortung überfordert zu fühlen oder sie voller Ehrfurcht zu betrachten. Aber vielleicht habt ihr durch vergangene Erfahrungen gewisse Reaktionen, die geklärt werden müssen.

Viele von euch sind der Überzeugung, daß sie, „je verantwortlicher" sie sind, „desto mehr Arbeit" haben werden. Nun, das scheint so weit zu stimmen, aber der nächste Satz lautet: „Und ich werde mit all diesen Verantwortungen nicht Schritt halten können. Sie werden mich bestimmt überfordern!" Wie wär's, wenn ihr das verändern würdet in: „Ich freue mich auf die neuen Verantwortungsbereiche. Ich spüre schon, was für eine Gelegenheit das für mich sein wird!" Merkt ihr, was das für ein Unterschied ist? Durch eine Klärung im Bereich der Verantwortung könnt ihr die kleinen „Schubser" annehmen, die die Evolution des Ganzen sind und die euch berühren, weil ihr Teile des Ganzen seid.

Als Mitglieder des Menschenreiches nehmt ihr am Lernen, am Entdeckungsprozeß der Menschheit teil. Wenn ihr den Eindruck habt, daß die Menschheit zu viel von euch verlangt, dann bedarf auch dieser Bereich der Klärung. Die Menschheit spiegelt euch nur das Ganze. Durch eure Interaktionen mit der Menschheit erfahrt ihr, was ihr über das Ganze denkt. Die Menschheit wird euch nicht überfordern oder enttäuschen oder befremden oder verwirren, wenn ihr sehen und akzeptieren könnt, daß sie aus einzelnen Göttlichen Wesen zusammengesetzt ist, die genau wie ihr versuchen, zu verstehen. Sie freuen sich genau wie ihr, wenn Wesen auf der physischen oder geistigen Ebene ihnen erkennen helfen, daß die herrliche Ganzheit sichtbar ist, daß sie antwortet und sie ganz offensichtlich unterstützt. Ich sage also jedem von euch, daß ein „Schubser" die Ganzheit ist, die euch auf eurem Weg zum bewußten Erkennen euer wahren Gelegenheiten ein wenig antreibt. Die Quelle selbst, als euer Vater, führt euch. Benutzt dieses Gefühl des Geführtseins, damit ihr im ewigen Jetzt eure Entfaltung zulassen könnt.

13. Ins Licht hinaustreten

Es ist euch gesagt worden, daß ihr Licht seid, und so ist es in der Tat. Vielleicht muß man jedoch sehen, daß Licht immer aktiv ist, daß es ständig irgendetwas integriert und sich tatsächlich immer in einem Zustand des Werdens befindet. Licht ist das Werkzeug zum Sehen im vollsten Sinne. Es definiert das Leben für uns, wenn wir das zulassen.

Ihr hier auf der Erde benutzt das Licht der Erde und der Menschheit zum Lernen und Wachsen, denn Licht ist, wie gesagt, ein aktiver Vorgang, der durch Interaktion erzeugt wird. Licht identifiziert also geistiges Wachstum und ermöglicht einen volleren Austausch mit uns, den spirituellen Lehrern. Die Erde und ihr, die ihr auf ihr lebt, seid jetzt „lichter" als früher, und so sehen wir auf der spirituellen Ebene das Licht der Erde stärker leuchten. Die Erde ist zu einem Leuchtfeuer geworden, und viele von uns auf der spirituellen Ebene fühlen sich in dieser Zeit von diesem Leuchtfeuer angezogen. Ich habe in anderen Schriften über Magnetismus gesprochen und habe hier nicht die Absicht, euch eine hochtechnische theoretische Abhandlung über Magnetismus zu geben, aber was man sagen kann, ist, daß die Erde durch ihr Licht magnetisch wird und so die Mittel an sich zieht, die sie für ihr Wachstum, ihre Entwicklung und ihr Lernen braucht. Durch diejenigen von euch, die zum Licht eines klareren Verständnisses vorgedrungen sind, können wir jetzt den Lebensprozeß der Erde unterstützen.

Es stimmt, daß das Leben auf der Erde jetzt sozusagen auf der „Schnellstraße" vorangeht. Schwingungsmäßig kann man sagen, daß eure Erde, eure Welt in einer Frequenz schwingt, die buchstäblich das Tempo eures Lebens übernommen hat. Die Erde ist also lichter, aber ihre lichtere

Perspektive beschleunigt das Tempo, und ich weiß, daß viele von euch das bemerken. Das Licht auf eurem Planeten ist, wie gesagt, kosmisch zu sehen, und natürlich sage ich nicht, daß nur die Erde lichter wird und wächst. Sie befindet sich jedoch an einem wichtigen Punkt auf ihrem Evolutionsweg, und die, die diesen Prozeß verstehen und wissen, wie sie ihn sehen müssen, können das erkennen. Ein Anzeichen dafür, das wir gesehen haben, ist das wachsende Interesse an Selbsterkenntnis. Natürlich gelangt nicht jeder durch die Suche nach sich selbst zum Metaphysischen, aber diese Suche vertieft den Entdeckungsprozeß des ganzen Planeten, ganz gleich, auf welchen Bereich sich dieser Prozeß gerade konzentriert. Man muß buchstäblich sehen, daß euer Planet eine ganze Perspektive ist, und der Entdeckungsprozeß wird ihn in jeder Hinsicht erhellen. Ihr müßt erkennen, daß das grundlegende Verständnis, das auf eurem Planeten herrscht, erweitert wird, wenn viele Standpunkte gemeinsam lernen und wachsen. Euer Planet gelangt zu seinem vollen Lichtpotential, indem jeder Einzelne zulassender wird und mit anderen kommuniziert und teilt, sie liebt und ihnen vertraut. All das ist Teil des Prozesses des Hinaustretens ins Licht. Eure Erde wird immer leuchtender und schöner, und es ist wichtig, ihr dabei zu helfen. Das tut ihr durch eure Selbstentdeckung, durch euer Verlangen nach Wissen und Wachstum und Verantwortung und indem ihr Bemühungen oder Gruppen unterstützt, die der Menschheit Lerngelegenheiten geben. Denkt daran, daß ihr Mitglieder der Menschheit seid. Durch eure gemeinsamen Bemühungen werdet ihr dazu beitragen, daß die Menschheit und die Erde den schönen, leuchtenden Planeten erschaffen, der aus seiner Vergangenheit hervortritt. Denkt daran: Auch wenn die jetzigen Umstände vielleicht schwierig aussehen — mit der Hilfe von Licht, dem aktiven Prozeß von Licht, lassen sich Schwierigkeiten auflösen und dieser

Vorgang wird die Erde ihr volles Lichtpotential annehmen lassen. Eure Erde ist wahrlich leuchtend, und ihr Leuchten erweckt in kosmischem Sinne euch alle.

14. Die verschiedenen Reiche der Erde

Eure Erde befindet sich, wie ich schon im letzten Kapitel gesagt habe, an einem sehr wichtigen Punkt ihrer Evolution. Sie vollzieht einen Prozeß des Loslassens, der sehr entscheidend ist. In einem anderen Buch bespreche ich die Evolution der Erde aus der Perspektive der vier Reiche. Das ist ein sehr interessanter Blickwinkel. Eure Erde hat vier Körper oder Reiche, das Mineralreich, das Pflanzenreich, das Tierreich und das Menschenreich, und sie hat auch das, was Djwhal Khul das Seelenreich genannt hat — die Geistige Hierarchie, die Gruppe derer, die euren Planeten von der spirituellen Ebene aus führen. Dieses Seelenreich identifiziert sich natürlich immer stärker mit der physischen Sphäre, wenn viele von euch mit ihrer Seele verschmelzen und sich auf der physischen Ebene einem Punkt der Vollendung nähern. Diejenigen von euch, die sich an diesem Punkt befinden, beginnen uns zu helfen und mit uns zusammen die Menschheit in ihrer Evolution voranzubringen.

Zu dieser Zeit treffen auf eurer Erde viele Standpunkte zusammen und vermischen sich miteinander, und ich meine damit nicht nur die Menschheit, obwohl es natürlich auch innerhalb der Menschheit geschieht. Das Mineralreich, das buchstäblich die physische Perspektive der Erde darstellt, ist im Augenblick weitreichenden Veränderungen unterworfen. Manche Seher haben für diese Periode Katastrophen oder Schwierigkeiten vorausgesagt. Es muß nicht dazu kommen, aber diese Zeit ist ohne jeden Zweifel eine Periode der Neuanpassung für das Mineralreich. Stabilität kommt durch Verständnis, und das Mineralreich strebt danach, alle Perspektiven seiner selbst auf einen gemeinsamen Nenner zu bringen, um in sich selbst zu größerem

Verständnis zu gelangen. Genauso wie ihr in eurem physischen Körper etwa euer Drüsensystem oder irgendein anderes physisches System ins Gleichgewicht bringen wollt, so will die Erde jetzt ihre verschiedenen Aspekte ins Gleichgewicht bringen.

Viele von euch fühlen sich von Kristallen und Edelsteinen angezogen. Sie stellen einen Standpunkt, eine Perspektive des Mineralreiches dar, und jeder von ihnen kann durch seine Verbindung zu euch dem Mineralreich helfen, über alle trennenden Standpunkte bzw. über jene Bereiche hinauszuwachsen, die es buchstäblich durch eine Katastrophe auseinanderzureißen trachten.

Freut euch an euren Freunden, den Kristallen und Edelsteinen. Eure Verbindung mit ihnen ist für das Lernen und Wachsen aller Reiche auf der Erde wichtig. Ich werde mich hier nicht lange mit Kristallen und Edelsteinen befassen, und wenn es nicht ohnehin euer Wunsch ist, braucht ihr auch nicht Stunden um Stunden damit zuzubringen, sie zu studieren. Nehmt jedoch das Mineralreich, von dem die Kristalle und Edelsteine nur ein Beispiel sind, als Freund an und sprecht oder befaßt euch täglich mit ihm. Jedes Mal, wenn ihr das tut, jedes Mal, wenn ihr das Mineralreich als gleichwertigen Partner in Liebe annehmt und es in seinem Wachstum und seiner Evolution unterstützt und nicht nur auf ihm „herumlauft", kann es für euch und für die ganze Menschheit dasselbe tun. Denkt daran, daß Licht durch Interaktion und Kommunikation geschaffen wird, und eure Bereitwilligkeit, mit dem Mineralreich zu kommunizieren, wird von großem Nutzen sein.

Das Pflanzenreich auf der Erde ist sehr weise. Es ist über seine „Jahre" hinaus weise, und in seiner Weisheit hilft es der Erde wirklich durch seine Bereitwilligkeit, an der Evolution der Erde mitzuwirken. Man braucht nur zu schauen, wie schön und praktisch das Pflanzenreich ist, um zu erkennen, welche Stabilität es eurer Erde verleiht. Euch ist das vielleicht nicht bewußt, aber euer Pflanzenreich hat sich seine „Freiheit" verdient. Es hat seine Abschlußprüfung bestanden. Viele der Hauptgattungen des Pflanzenreiches sind jedoch physisch auf der Erde geblieben, weil sie die Erde so sehr lieben und sie unterstützen wollen. Wenn ihr das nächste Mal einen Redwood-Baum seht, dann wißt, daß diese göttliche Größe seit Äonen von Jahren ein Wahrzeichen von Licht und großer Schönheit auf eurem Planeten ist. Er macht sich jetzt endlich bereit, die Erde zu verlassen. Ich will nicht sagen, wann das geschehen wird, aber es ist ein Ende in kosmischem Sinne. Bestimmte Pflanzengattungen haben die Erlaubnis erhalten, die Erde zu verlassen, während das Pflanzenreich als Ganzes weiterhin die Evolution des Planeten unterstützt. Manche Gattungen sind, nachdem sie die Erde ebenfalls verlassen haben, auf der astralen Ebene verfügbar geblieben.

Das Tierreich ist in dieser Zeit wichtig, und es entwickelt sich gut. Bestimmte Gattungen „beenden jetzt ihren Dienst". Das bedeutet nicht, daß ihr dadurch auf der Erde etwas verliert, sondern wenn eine Tierart ausstirbt, dann hat sie sich über ihr jetziges physisches Gefährt, ihre jetzige physische Struktur hinausentwickelt. Lernt, diese Tierarten loszulassen. Laßt die Evolution auch in eurem Tierreich ihre Wirkung tun.

Das heißt nicht, daß die Menschheit einer Gattung, von der es nur noch wenige Exemplare gibt, nicht helfen soll. Tatsächlich ist es oft so, daß diese Gattung um ihr Überleben kämpft und die Hilfe verdient hat. Aber manchmal, wenn ganz plötzlich und scheinbar unerwartet alle Tiere einer Gattung ausgelöscht werden, dann ist das kein Zufall, sondern Teil der Evolution eures Tierreiches.

Eure Tiere identifizieren sich durch einen Gruppenprozeß als unabhängig und doch nützlich für die Gruppe. Die

Menschheit könnte vom Tierreich sehr viel über Gruppen lernen, und ich empfehle denjenigen von euch, die in einer Gruppe arbeiten, vom Wissen der Tiere in diesem Bereich zu lernen.

Das nächste Reich ist die Menschheit, und wir haben sie schon ausführlich besprochen. Ich möchte jedoch darauf hinweisen, daß Evolution aus der harmonischen Vermischung und Integration der Ebenen der Mineralien, Pflanzen, Tiere, Menschen und geistigen Lehrer resultiert. Als Mitglieder des Menschenreiches habt ihr vielleicht mehr als irgendein anderes Reich die Fähigkeit, auf alle anderen Reiche aktiven Einfluß zu nehmen. Eure Entscheidungen sind wichtig, eure Interaktion und Kommunikation — sowohl miteinander als auch mit den anderen Reichen — ist entscheidend. Ihr seid in sehr realem Sinne der Angelpunkt der Evolution des Planeten. Beachtet bitte, daß ich nicht sagte „der wichtigste Punkt“, sondern „der Angelpunkt“, die Nabe, der Punkt, der durch Zulassen, Kommunikation, Liebe, Vertrauen und Teilen den erwünschten Lebenszustand, die Lebensqualität hervorbringen kann, die jeder von euch hier auf der Erde jetzt anstrebt. Das ist sehr real. Diese esoterische Abhandlung betrifft jetzt dich und dein Leben. Erkenne oder versuche zu erkennen, daß jede deiner Entscheidungen, jeder deiner Schritte, jede deiner Bemühungen eine Auswirkung auf die Vereinigung aller Standpunkte und Sichtweisen auf eurer Erde hat, die Evolution genannt wird.

15. Anregung des Wachstums durch konzeptuelles Denken

Wenn die Suchenden in ihrer Erdenerfahrung an einen Punkt gelangen, wo offensichtlich wird, daß das, was sie in Wahrheit suchen, auf der Erde nicht zu haben ist, müssen sie in ihrem Vorstellungsvermögen über die Erde hinaussehen können. Wenn sie sich bislang im Rahmen begrifflichen Denkens bewegt, oder anders ausgedrückt, wenn sie sich auf sehr rationale und logische Weise mit ihrer Erdenerfahrung auseinandergesetzt haben, dann müssen sie an diesem Punkt beginnen, Logik jenseits eines irdischen Bezugspunktes zu sehen.

Das ist für viele Menschen schwierig. Es kann also sein, daß sie in ihrer Evolution so lange an einem Punkt stehenbleiben, bis sie Logik nicht mehr auf etwas Faßbares oder Physisches beziehen müssen. Wenn sie diese Notwendigkeit fallen lassen können und beginnen, das Sein in einem ganzheitlichen Rahmen zu sehen, dann sind sie bereit, zu erfassen, was wirklich IST.

Vor dieser Zeit haben sie gelernt und sind gewachsen und haben ihre physischen Fähigkeiten während der Spanne ihrer irdischen Existenz oft bis zur Genialität entwickelt.

Diejenigen, die diesen Punkt in ihrer Evolution erreichen, sind oft die Führer der Menschheit gewesen. Sie waren die großen Staatsmänner, die großen Tänzerinnen, große Musiker, große Maler, Priester, die vielen geholfen haben, oder die Poeten, die der Erde große literarische Werke geschenkt haben. Im Grunde haben sie jedoch nichts anderes getan als ihre Evolution, zumindest was das Erdenleben angeht, so weit wie möglich zu vervollkommnen. Sie mögen ihr Vorstellungs- und Denkvermögen gegenwärtig benutzen oder nicht, aber selbst wenn sie es tun, müssen sie an diesem Punkte versuchen, das Sein von einem ganzheitlichen, über das Physische hinausgehenden Standpunkt aus zu verstehen.

Nun haben Menschen, die ihre mentalen Fähigkeiten viel gebraucht haben, ein unschätzbares Werkzeug, wenn sie diesen großen Durchbruch einmal geschafft haben. Viele, die das Sein bislang vielleicht noch nicht gedanklich betrachtet haben, müssen dieses Denkvermögen jetzt entwickeln, erweitern und stärken. Jede Fähigkeit ist potentiell vorhanden, und wir müssen also jetzt schauen, wie wir diese begrifflichen Fähigkeiten erwerben können, was sie sind, und warum es wichtig ist, sie zu entwickeln. Ich sage euch, daß ihr ein Teil der Einheit seid, aber um das zu verstehen, müßt ihr in der Lage sein, gedanklich zu erfassen, was Einheit ist. Das ist das erste und grundlegende Ziel. Und hier ist mein Vorschlag, wie man damit beginnen könnte.

Betrachten wir einmal Folgendes: Du bist ein kleines Kind, bist zum Spielen hinausgegangen und spielst sehr vergnügt vor dich hin. Aber dann fällst du und schlägst dir auf den scharfen Steinen das Knie auf. Sofort konzentriert sich deine Aufmerksamkeit auf den Schmerz, nicht wahr? Du läufst schluchzend nach Hause zur Mutter, und die Mutter nimmt dich in die Arme und sagt: „Ist schon gut, Kleines. Mama macht ein Pflaster drauf, dann ist alles wieder in Ordnung."

Was ist geschehen? Zuerst hast du gespielt und dich vergnügt und die Lernerfahrung genossen. Aber nach einem bestimmten Punkt von Trauma oder Widerstand hast du dich so sehr auf das Trauma konzentriert, daß du die Lernerfahrung nicht mehr sehen konntest, außer durch diesen traumatischen Aspekt. Dann bist du zu jemandem gelaufen, der symbolisch die Quelle für dich bedeutet, deine Verbindung zu Ihr, die dein Vater / deine Mutter ist. Sie sagte dir liebevoll, sie werde dir helfen und es sei wied in Ordnung. Danach konntest du wieder zu deinen den zurückhumpeln, das Lernen wieder aufnehmen und Spaß daran haben.

Was heißt das? Es heißt, daß du, wenn du ein Konzept von dem Ganzen entwickeln kannst, wenn du das Ganze siehst, über den Punkt hinauswächst, wo du dich auf jeden kleinen Widerstand, auf jeden kleinen schmerzlichen Zwischenfall auf der Erde konzentrieren mußt. Du siehst, wie die Einzelheit, die du gerade erlebst, sich in das ganze Bild einfügt. Wenn du immer auf den ganzen Plan Bezug nimmst, konzentriert sich dein Leben hier in der physischen Existenz auf das Ziel der Evolution, das Ziel des Dienens innerhalb der Einheit, das Ziel, dich als die Einheit weiterzuentwickeln.

Unter diesem Gedanken-„Schirm" kannst du dich selbst objektiver sehen, auch wenn du einige kleine und vielleicht auch ein paar weniger kleine Traumata erfährst. Du bist nicht mehr dazu verdammt, nur den Schmerz zu fühlen und nicht darüber hinaussehen zu können. Du kannst über diesen Schmerz hinauswachsen, kannst daran arbeiten und überhaupt die Notwendigkeit entfernen, diesen Schmerz jemals wieder erfahren zu müssen. Du fragst, wie du das tun kannst? Deine jetzt besser entwickelten mentalen Fähigkeiten zeigen dir, daß du diesen Schmerz aufgrund von Mißverständnissen in deiner Vergangenheit erfährst. Du brauchst nicht daran festzuhalten. Statt dessen kannst du mit Hilfe bestimmter Methoden deine Mißverständnisse klären.

Wenn Schmerz und Trauma nichts anderes mehr für dich sind als Mißverständnisse, die du, wenn auch momentan schmerzhaft, interessant findest; wenn du in deinem Leben ganz und gar die Quelle siehst, die lernt und sich entwickelt, dann, mein Freund, werden dein Leben und deine Ziele klarer. Die Einheit ist, wie die Mutter, ein persönlicher

Bezugspunkt für dich, denn die Einheit ist niemals unpersönlich. Sie ist objektiv, aber sie hegt und pflegt, nährt und unterstützt alle Ihre Teile, und du bist ein solcher Teil. Du kannst die Quelle, die dein Vater und deine Mutter ist, um Hilfe bitten, wenn dein Leben schmerzhaft wird, und Sie wird dir helfen. Sie hilft, denn wenn du deine Aufmerksamkeit auf den Schmerz konzentriert hast und die Quelle um Hilfe bittest, objektivierst du deine Erfahrung. Du wirst dir des gesamten Konzepts, innerhalb dessen du existierst, deines „Schirms", wieder bewußt.

Stelle dich unter den Schirm deiner konzeptuellen Fähigkeiten. Wisse, daß dieser Schirm, dieser konzeptuelle Rahmen, immer da ist. Wenn du in deiner Evolution, auf dem Weg, den wir die Verfolgung deiner Ziele nennen, voranschreitest, geht er mit dir. Du mußt also immer besser verstehen und gedanklich einordnen können, was du in Bezug auf die Einheit bist. Die Quelle selbst hat für jeden Kosmischen Tag ein Konzept, und in dem Maße, wie die Evolution voranschreitet, erweitert sie dieses Konzept. Ihr Konzept ist der Rahmen, innerhalb dessen die Existenz stattfindet. Ohne dieses Konzept wäre sie ziemlich willkürlich, ungeplant und nicht richtig organisiert. Wenn du das sehen kannst, wird die Fähigkeit, Konzepte zu schaffen, zu einem deiner wichtigsten Hilfsmittel.

Ein beliebiges Konzept zu nehmen und es zu betrachten, ist nun eine interessante Übung. Dabei geschehen mehrere Dinge. Zunächst lernst du etwas über das Konzept, weil du es von allen Blickwinkeln aus betrachtest, die du in diesem Augenblick schöpferisch hervorbringen kannst. Und in dem Maße, wie du dieses Konzept, diesen konzeptuellen Umriß ausfüllst, muß aufgrund der Evolution, die sich vorwärtsbewegt, das Konzept für deine eigene Evolution weiter werden. Wenn du dich also mit deinem Denken in ein neues Gebiet vortastest, wenn du dich mit einem bestimmten Thema gedanklich auseinandersetzt, entwickelst du dich selbst und erweiterst dein Konzept davon, was das Sein in Wahrheit ist.

Ich will dir ein Beispiel geben. Wir haben darüber gesprochen, daß die Liebe das Öl ist, mit dessen Hilfe alles Sein reibungslos verläuft. Du mußt sehen, daß die Liebe auch das Spezifikum ist, von dem aus du konzeptuell erfassen kannst, was dieses Sein ist. Wenn du es durch die Augen der Liebe betrachtest, nimmt wirklich jede Beziehung darin ihren richtigen Stellenwert an. Liebe hilft einem wirklich, jegliche Vorliebe und Abneigung, jedes Vorurteil, jede falsche oder verzerrte Wahrnehmung loszuwerden. Ist es nicht wunderbar, daß die Liebe uns die einzelnen Teile unserer Existenz spiegelt? Sie sortiert aus, was du vielleicht falsch verstanden hast, und sagt „O nein!“. Und wenn du in Liebe tiefer in die Dinge eindringst, kommt alles genau so heraus, wie es sein sollte. Liebe ist der große Gleichmacher, und natürlich spreche ich hier von der Liebe in ihrem höchsten Sinne.

Um mit der Liebe in Berührung zu kommen, mußt du dir einen Begriff davon machen können, was sie ist. Zum einen mußt du wissen, daß sie immer weiter wird, denn Liebe ist ein Teil der Quelle und die Evolution ist es auch. Du wirst also mit jedem Mal, wo du die Existenz durch die Augen der Liebe betrachtest, mehr sehen können. Das erste Mal gehst du bis an die Grenzen deines Verständnisses oder dessen, was du dafür hältst, und wirst dir ein Bild davon machen, was Existenz in den Augen der Liebe ist, und etwas Bestimmtes entdecken. Beim nächsten Mal kannst du jedoch wahrscheinlich schon über diesen ersten Punkt hinaus immer realer sehen, daß es die Liebe gibt und kannst Beziehungen entwickeln, die dir die Realität der Liebe zeigen. Als erstes mußt du jedoch *bedingungslose* Liebe entwickeln. Es ist die Bedingungslosigkeit der Liebe, die den vollen Ausdruck der Wirklichkeit ermöglicht.

Bedingungslose Liebe ist nie besonders mitleidig. Ist das nicht interessant? Mitleid bedeutet ja, daß einem jemand leid tut. Jeder Mensch ist göttlich. Göttlichkeit tut einem nicht leid. Man empfindet vielleicht durch die Liebe ein gewisses Mitgefühl, weil man spürt, welche Begrenzungen sich dieser göttliche Funke gerade auferlegt hat. Aber wenn man sich bewußt macht, wozu dieser göttliche Funke bestimmt ist, dann ist Mitleid fehl am Platze.

Wenn du in Liebe und Mitleid die Welt anschaust, dann möchtest du vielleicht verstehen, warum manche Wesen auf der Erde verhungern. Warum wird das zugelassen? Vergiß nicht, dich zuerst gedanklich über die Erdenerfahrung hinaus mit der Einheit zu verbinden. Du kannst eine Situation wirklich nicht verstehen, wenn du nur einen so begrenzten Teil davon betrachtest wie das physische Ergebnis. Du mußt dir anschauen, *warum* eine solche Begrenzung in Erscheinung getreten ist. Es befinden sich Wesen im physischen Sein, die erst seit kurzem darin sind. Viele von ihnen leben in den Entwicklungsländern. Sie sehen noch nicht über das hinaus, was für sie ein großes Trauma war. Die meisten von ihnen sind vielleicht — so wie viele von euch auch — dazu ermuntert worden, ins physische Sein hereinzukommen. Aber sie haben gerade erst begonnen. Sie verhungern buchstäblich in ihrem Bestreben, mit irgend etwas in Einklang zu kommen. Sie haben noch nicht erkannt, daß das physische Sein ein Teil von allem anderen ist. Sie akzeptieren einen Zustand des Abgeschnittenseins als ihr Schicksal.

So können sie physisch ihr Leben nicht unterhalten. Was geschieht dann? Einige dieser Kinder des Lichts, denn das sind sie, bekommen mit der Zeit eine Ahnung davon, wie es in Wirklichkeit ist. Wenn viele andere Menschen in ihre Gegend kommen, die ihnen zu helfen versuchen, sehen sie das „Miteinander“, die Hilfsbereitschaft, die sich im

Bewußtsein der Menschheit zu regen beginnen.

Schau dir das einmal von der konzeptuellen Seite her an. Was bedeutet das alles? Wenn die Menschen, die buchstäblich physisch und geistig verhungern, ihren Anschluß an die Einheit suchen und hier im Physischen eine Begrenzung akzeptiert haben, beginnt die Menschheit ihnen zu antworten. Warum das? Weil, meine Lieben, das Göttliche immer dem Göttlichen antwortet, wenn solche Hilfe und Unterstützung angenommen wird. In dem Maße, wie die Verhungernden ihr Konzept von der Existenz erweitern, werden diejenigen, die sich in bedingungsloser Liebe auf sie einstellen, auf ihre physischen Bedürfnisse antworten. Und natürlich gibt es darüber hinaus die Befriedung ihres geistigen Hungers.

Wenn nun diese Menschen die Erfahrung, beinahe zu verhungern, durchstehen und überleben, dann geschieht ein großer Durchbruch in ihrem Bewußtsein. Die Lektion, die sie für notwendig erachtet haben, dauert zwar an, aber sie wird mit der Zeit immer weniger schlimm, bis schließlich im Bewußtsein ein Ausgleichspunkt erreicht ist und die Vorstellung, verhungern zu müssen, nicht mehr vorherrschend ist. So funktioniert Evolution. Das Massenbewußtsein der Gruppe nimmt den „Input", also die Vorstellungen der Wesen in ihm auf. Und wenn genügend Wesen falsche Vorstellungen über irgend etwas haben, dann werden diese falschen Vorstellungen im Massenbewußtsein vorherrschend.

So wird jedesmal, wenn jemand einen Durchbruch erreicht, die Last, die Begrenzung des Massenbewußtseins erleichtert. Diejenigen, die unter einem bestimmten physischen Trauma leben, lernen, daß dieses Trauma nicht alles ist. Es ist ein bestimmter Brennpunkt der Wahrnehmung im eigenen Selbst, der eine Begrenzung akzeptiert hat. Wenn man jedoch über derartige Begrenzungen hinaus den

Konzept-Schirm sehen kann, unter dem ein jeder von uns lebt, dann kann man über solche Traumata hinausschauen und sich herausarbeiten.

Nun werden die Menschen, die sich erst neu im physischen Sein befinden, schwerlich schon die begrifflichen Fähigkeiten entwickelt haben, die sie brauchten, um von einem physischen Standpunkt aus die Einheit sehen zu können. Die Evolution braucht wirklich mehr als ein bis zwei Leben in chronologischer Zeit, um von ihrem Anfang bis zum Ende zu gelangen. Man muß also manche dieser Entwicklungsländer einfach ihre Erfahrungen machen lassen. Gewiß würde ich, wenn die Menschheit ihnen durch ihre Liebe helfen will, das für angemessen halten, denn dann hat das betreffende Volk begonnen, diesen Bereich zu klären, und so die Hilfe herbeigerufen. Erkennt aber, daß diese Völker meistens ihre physische Existenz gerade erst begonnen haben. Euer Neues Zeitalter ist nicht für sie. Sie werden in einer anderen physischen Erfahrung weiterlernen.

Die Quelle lernt auch aus diesen Teilen ihrer selbst, die jetzt gerade ihre physische Existenz beginnen und dann in ein paar Jahren ein etwas anderes Schwingungsmuster, eine etwas andere physische Erfahrung oder einen etwas anderen Planeten haben werden. Es ist nur eine andere Weise des Lernens, und die eine ist so gut wie die andere. Und wenn du verstehst, daß die Evolution sich aus allen Standpunkten zusammensetzt, dann ist wirklich jeder Standpunkt interessant.

Das ist mein nächster Punkt. Wenn du intellektuell neugierig bist, und viele von euch sind das, dann ist es absolut faszinierend, zu sehen, was alles innerhalb der Quelle, innerhalb des Fortschreitens der Evolution möglich ist. Ich komme nicht aus dem Staunen heraus. Ich habe vielleicht etwas mehr Erfahrung als die meisten von euch, und doch begegne ich ständig, wenn ein göttlicher Funke das Sein aus wieder einem anderen Blickwinkel heraus erschafft, neuen Gesichtspunkten. Unser Kosmischer Tag erweitert sich jetzt in einem solchen Tempo, daß man seine ganze Zeit oder Aufmerksamkeit darauf verwenden könnte, über diese erfrischenden Ansätze nachzudenken.

Ich bin gerade dabei, mich über diesen Kosmischen Tag hinaus vorzutasten, um zu sehen, wie ich das Sein am nächsten Kosmischen Tag gestalten würde, wenn ich die Quelle wäre. (Ich will damit nicht anmaßend sein; es ist nur eine intellektuelle Übung!) Diese Übung erweitert meine Konzepte. Das ist wichtig, weil man durch das Hinaussehen über das Gegenwärtige jeden Standpunkt erweitern kann — nicht, indem man einen einzelnen Brennpunkt der Aufmerksamkeit vergrößert, sondern indem man das Konzept, die Gesamtansicht von dem, was ist, ins Auge faßt.

Konzeptuelles Denken heißt meiner Meinung nach herauszufinden, welche Besonderheit man innerhalb der Einheit darstellt, und das in den Rahmen seiner gegenwärtigen Wahrnehmung aufzunehmen. Wenn man sich seine Beziehung zur Quelle vorstellen kann, kann man dann in dem Maße, wie man seine konzeptuellen Fähigkeiten vervollständigt, diese Beziehung ständig weiterentwickeln. Das geschieht, wie gesagt, am besten dadurch, daß man ein jedes Thema bis in alle Einzelheiten erforscht und analysiert. Das erweitert den begrifflichen Rahmen. Wenn du konzeptuell erfassen kannst, was *ist,* mein Freund, wirst du deiner Existenz einen Rahmen geben können, der aus der Einsicht besteht, daß du dich als einen Fokus siehst, der dazu dient, die Evolution voranschreiten zu lassen. Wenn dir das klar ist, kannst du auch sehen, warum es dich weiterbringt, wenn du dich auf Dienen einstellst und deine Glaubensstrukturen klärst.

Dienen ist die Einstimmung auf die Ziele des Kosmischen Planes. Das bedeutet Dienen. Du gestattest dir, zu sehen, daß du dich automatisch mit der Quelle weiterentwickelst, und deshalb geradesogut mit Ihr zusammenarbeiten kannst. Wenn du dich so auf die Evolution, auf diesen Weg, dieses Ziel einläßt, wird der Weg viel leichter für dich. Du schreitest dadurch freudig voran. Manche von euch, die nur ihr eigenes Leben sehen und nicht die Ganzheit und kein Konzept davon haben, was das Sein in Wahrheit ist, können nicht erkennen, daß die Evolution trotz ihrer Unklarheit weitergeht und sie mit ihr. Ihr jedoch könnt jetzt sehen, daß ihr Teil dieser Einheit seid, die sich entwickelt, und daß eure Evolution euch immer weiterführen wird.

Bedingungslose Liebe zum Sein, zur Einheit, zur Ganzheit wird euch den Weg des Dienens ebnen und euch voranschreiten lassen. Könnt ihr das sehen? Diese bedingungslose Liebe ermöglicht dir, die Wirklichkeit zu sehen. Und die Wirklichkeit ist dieses Dienen, dieses Ziel, dieser Weg, auf dem sich alles entwickelt. Stolpere nicht auf deinem Evolutionsweg, widersetze dich nicht. Freue dich über die Gelegenheit zum Dienen. Tue es bedingungslos in dem Wissen, daß du deine Evolution dann weniger traumatisch, weniger schmerzhaft empfinden wirst. Fasse gedanklich das Einssein ins Auge und befreie dich dadurch von deinen Begrenzungen. Sieh, was das Sein ist, und schließe dich den Vielen an, die die Freude und Schönheit bedingungslosen Dienens entdeckt haben.

16. Die expansive Natur des Seins

Ich sehe vielleicht mehr als irgend jemand von euch das Sein vom Gesichtspunkt der Ganzheit, der Einheit aus. Aber die Wahrnehmung von einem physischen Standpunkt aus ist wirklich etwas ganz Besonderes und gibt einem viel Gelegenheit zum Lernen. Nur scheint die Ganzheit wegen des „Winkels", aus dem man sie vom physischen Brennpunkt aus sieht, dort oft nicht so gegenwärtig zu sein. Man nimmt oft anstelle der umfassenden, alles durchdringenden Ganzheit oder Einheit eine Schranke wahr. Das geschieht vom physischen Standpunkt aus leicht, und es ist wirklich ein wichtiger Schlüssel, um eure Perspektive zu erweitern und über das physische Sein hinauszusehen, auf das ihr jetzt eure Aufmerksamkeit konzentriert habt. Wenn ihr euch also auf die Ganzheit einstimmen und sehen wollt, daß genau da, wo ihr gerade seid, schon alles da ist, und wenn ihr über die physische Barriere hinaussehen möchtet, dann macht einmal folgende Übung. Ich glaube, sie wird euch sehr helfen. Es ist eine Übung, die auch mir vor langer Zeit, als ich mich dem Punkt näherte, an dem ihr gerade seid, geholfen hat. Sie war für mich der Schlüssel, um über diese Barriere hinauszugehen, die in Wirklichkeit gar nicht vorhanden ist, sondern nur durch den gespiegelten Winkel entsteht, aus dem ihr die Ganzheit seht oder, meine Freunde, zu sehen versucht.

Setze dich auf einen Stuhl, die Füße flach auf dem Boden und die Wirbelsäule gerade aufgerichtet. Sieh dann ein großes Blatt Papier vor dir, und sieh dich selbst als einen Punkt darauf. Das ist dein physischer Brennpunkt. Du befindest dich im Zentrum des schöpferischen Prozesses. Ziehe nun um diesen Punkt herum einen großen Kreis. Was ist im Zentrum dieses Kreises? *Du* bist es, und zwar jener Göttliche Teil von dir, deine innere Göttlichkeit, der mit jedem anderen Teil des Kreises verbunden ist. Wenn du jetzt eine Linie von dir zu irgendeinem anderen Punkt auf der Kreislinie ziehst, kannst du sehen, daß du dich mit einem anderen Brennpunkt verbinden kannst. Es kann unmöglich eine Trennung da sein, denn alles und jedes ist miteinander verbunden. Ganz gleich wohin du schaust oder gehst, innerhalb des Kreises, den wir die Ganzheit nennen, ist alles miteinander verbunden. Es ist eigentlich gleich, wohin du deinen Punkt setzt. Du kannst ihn umherbewegen und erleben, daß er noch immer überall mit der Ganzheit verbunden ist. Wenn du ihn so umherbewegst, merkst du jedoch, daß dein Brennpunkt nicht mehr so im Gleichgewicht zu sein scheint wie in der Mitte; wenn du außerhalb der Mitte bist, mußt du anders auf die Ganzheit schauen. Auf der physischen Ebene sieht man die Ganzheit am besten von der Mitte aus.

Eine weitere Übung, die dir helfen wird, benutzt vier dieser horizontalen Kreise oder Ansichten der Ganzheit. Vom ersten haben wir schon gesprochen. Erhebe dich nun um eine Ebene und konzentriere deine Aufmerksamkeit wieder auf den Mittelpunkt. Ziehe deinen Kreis um dich herum und vergiß nicht, daß du mit dem Kreis, den du schon gezeichnet hast, verbunden bist. Mache das viermal, bis du vier miteinander verbundene Mittelpunkte und vier übereinanderliegende Ebenen hast. Es sind jetzt vier Kreise auf vier Ebenen da, und jeder dieser Kreise ist durch seinen Mittelpunkt mit den anderen Kreisen verbunden. Das heißt, daß du das Ganze immer sehen kannst, ganz gleich, auf welcher Ebene du dich befindest, und daß du sie auch sehen kannst, wenn du deine Aufmerksamkeit auf die physische Sphäre konzentriert hast, weil diese die anderen Sphären durchdringt. Du kannst deinen Punkt einfach auf eine andere Ebene bewegen, kannst einfach über die Perspektive der physischen Ebene hinausgehen. Das wird den physischen Brennpunkt, der die Grundlage für deine jetzige Stabilität bildet, nicht wegnehmen. Du kannst diese Grundlage beibehalten und einfach darüber hinausgehen und dich auf die nächste und nächste und nächste Ebene erheben.

Die Anzahl der Ebenen ist in Wirklichkeit unbegrenzt, aber ich habe sie mit der Anzahl der Erfahrungsebenen — der physischen, emotionalen, mentalen und spirituellen — gleichgesetzt, die im Zentrum durch diesen Punkt miteinander verbunden sind. Diese Übung soll dir nur zeigen, wie dein Bewußtsein in eine andere Sphäre reisen kann, während du den Brennpunkt deiner Aufmerksamkeit weiterhin auf die physische Ebene gerichtet hältst, während also deine Basis im physischen Sein bestehen bleibt. Es ist eine Übung zur Erweiterung deines Blickwinkels. Bei genauem Hinschauen siehst du, daß der Punkt, der dich — dein Göttliches Bewußtsein — darstellt, *überall* in der Existenz sein kann. Der Punkt kann sich überall in dem ganzen Bereich oder eigentlich dem ganzen Seinszustand befinden, den der Schöpfer — die Ganzheit — sich bisher ausgedacht hat. Jedes Mal, wenn die Ganzheit ein, wie man es nennen könnte, neues „Territorium" eröffnet, kannst du dich mit deinem Bewußtsein dorthin begeben. Das einzige, was dich davon abhält, das hier und sofort zu tun, ist, daß du noch nicht weißt, daß das möglich ist, während du im Physischen zentriert bist.

Du hast also jetzt vier Kreise, einen über dem anderen. Was würde nun geschehen, wenn die oberen drei Kreise sich vollständig in dem unteren, der die physische Ebene darstellt, niederlassen und mit ihm verschmelzen würden? Dann hätten wir noch immer die vier Kreise, aber sie würden sich wirklich durchdringen. So ist die Ganzheit zusammengesetzt: Es gibt verschiedene Seinszustände, die sich durchdringen und denselben umfassenden Seinszustand bilden. Wenn man den Gesamtzustand ein wenig auseinandernimmt und wieder zusammensetzt, kann man sehen, wie die Ebenen aufgebaut sind. Du bist aus dieser Ganzheit hervorgegangen. Du bist ein Punkt — ein Fokus — innerhalb der Ganzheit. Wenn du die universellen Gesetze verstehst, die hier am Werke sind, kannst du jeden Punkt betrachten, den es innerhalb dieser sich und alles durchdringenden Ganzheit gibt.

Bei näherem Hinsehen zeigt dir diese Übung, wie die Evolution vor sich geht. Wir haben die Ganzheit mit den vier Ebenen gleichgesetzt, die sich durchdringen. Wenn du jedoch einen Schritt weitergehst, kannst du sehen, daß das Sein so viele dieser sich durchdringenden Kreise enthalten kann, wie wir uns nur vorstellen können, und mehr. Das Sein ist nicht begrenzt, es erweitert sich immerzu. Du kannst bis in alle Ewigkeit neue Kreise hinzufügen und die Ganzheit mit immer neuen Ebenen durchdringen. Das ist die Art und Weise, wie das Sein sich erweitert. So geht der Schöpfer wirklich vor.

Jedes sich entwickelnde Bewußtsein wirkt aktiv an der Erfahrung des Göttlichen, der Quelle mit. Wenn man diese Behauptung einmal näher betrachtet, dann sieht man, daß der Wahrnehmung dessen, was das Sein ist, wie es funktioniert und sich entwickelt, ein weiter Spielraum gelassen ist. Jede geistige Essenz ist ein wichtiger Teil des Göttlichen und lernt, auf klare, ausgewogene und reale Weise zu funktionieren. Jede Göttliche Essenz schaut sich auch an, was als Realität bezeichnet wird, und entscheidet für sich selbst, was real ist.

Während eines wichtigen Teiles des evolutionären Weges ist man sehr in der Illusion des Selbst verfangen. Ich drücke das sehr vorsichtig aus, denn wir alle streben danach, zu verstehen, daß es in Wahrheit kein Selbst gibt, daß das

SELBST das Göttliche ist und jede Art von Getrenntheit eine Illusion.

Wenn wir uns als getrennt sehen, bilden wir uns viele Illusionen über das Sein und seine Ziele. Das ist etwas sehr Grundlegendes, was jede geistige Essenz verstehen möchte. In Wahrheit ist das Selbst das Göttliche. Djwhal Khul hat viele, viele Male gesagt, daß es nichts gibt als das Göttliche und Seine Erfahrung. Ich will es ein wenig anders darstellen, damit ihr erkennen könnt, daß ihr in einer Illusion lebt, wenn ihr euch überhaupt auf irgendeine Weise als einen getrennten Teil seht.

Wie groß diese Illusion ist, hängt davon ab, als wie getrennt ihr euch erlebt. Diese Getrenntheit, die ihr erlebt, ist Illusion, ist nicht real. Sie ist ein Bild von euch. Die meisten von euch streben danach, zu begreifen, daß das Göttliche ein ganzes Konzept ist, von dem ihr ein Teil seid. Wenn nun eure Erkenntnisse über eure Beziehung als das Göttliche zum Göttlichen klar und scharfsichtig genug sind, befreit ihr euch vom physischen Sein.

Es gibt einen bestimmten Punkt, wo ihr genug versteht, um euch von der Illusion über das physische Sein zu befreien. Nach diesem Punkt braucht ihr, wenn ihr es nicht selber wählt, keine physischen Erfahrungen mehr zu machen, und das physische Sein wird real. Es enthält dann keine Illusion mehr. Anders ausgedrückt könnte man sagen, daß die Menschen nur ein Bild ihrer selbst sehen. Sie sehen nicht ihre „Wirklichkeit".

Um diese Wirklichkeit sehen zu können, muß man die Schichten der Illusion abschälen. Man muß beginnen, das Göttliche als einen vollständigen Fokus zum Erfahren zu sehen, man muß beginnen, die Getrenntheit aufzuheben, die für die meisten Menschen mit physischer Existenz verbunden ist, und klar zu sehen, daß das Selbst ein physischer Ausdruck des Göttlichen ist. In dem Maße, wie man sich darüber klar wird, daß der einzig reale Teil des Selbst harmonisch und göttlich ist und klar sieht, wird man auch das physische Sein harmonisch, klar und göttlich zum Ausdruck bringen.

Die Illusionen von emotionalem Trauma, von Disharmonie und Schmerz fallen weg, wenn man erkennt, daß der natürliche, der wirkliche Zustand des physischen Ausdrucks vollkommen unbegrenzt, ausgewogen, glücklich, mental und konzeptuell aktiv, zum Dienen motiviert und gruppenorientiert ist. Wenn man zu diesen Erkenntnissen gelangt, nähert man sich dem Punkt, wo physische Existenz nicht länger „erforderlich" ist. Sie wird zu einem Kurs, an dem man freiwillig teilnehmen kann, um sich als Lehrer auszubilden.

Was jeder von euch zu erkennen, zu verstehen sucht, ist, daß die einzige Wirklichkeit, sei es im physischen Sein oder in irgendeiner anderen Seinsspähre, ein stabiler, freudiger Zustand ist, der wahre Göttlichkeit ausdrückt. Alles andere ist Illusion. Wir sehen das Leben durch ein Bild, durch ein Muster, das wir löschen, entfernen müssen, um klar zu sehen und voll erkennen zu können, was das Sein in Wahrheit ist.

Wenn man den Punkt erreicht hat, wo man von der Seelenebene aus wirkt, wird ein neuer Anfang gemacht. Was wollen Menschen verstehen, die mit ihrer Seele eins geworden sind? Was haben sie noch über sich selbst als das Göttliche zu lernen? Wir haben gesagt, man muß, um diesen Punkt zu erreichen, sein wahres Selbst als das Göttliche erkennen. Gibt es denn noch mehr als das? Ja, es gibt noch mehr.

Die Evolution ist ewig. Man kommt ewig zu neuen Erkenntnissen über das Göttliche. Das mit seiner Seele vereinte Wesen sucht zu verstehen, daß, obwohl es als eine „Einheit" des Göttlichen wirkt, es eine solche Einheit des

Göttlichen in Wirklichkeit gar nicht gibt, daß auch diese einzelne „Einheit“ eine Illusion ist. Jedes Wesen muß sich mit dieser Illusion auseinandersetzen und voll erkennen, daß es in Wahrheit nichts gibt als die Quelle und daß alles, was sich der Wahrnehmung als getrennt darstellen möchte, eine Illusion ist. Nachdem es das vollkommen verstanden hat, steigt das mit seiner Seele vereinte Wesen auf der Evolutionsleiter eine Stufe höher und nimmt die nächste Ebene der Illusion, die es in seinem Verständnis des Göttlichen erwartet, in Angriff.

Meiner Meinung nach wird es immer irgendwelche Illusionen in uns geben, die wir klären und auflösen müssen. Die Quelle des Lichts selbst enthält das Mittel zu Ihrer Erweiterung, und da diese Erweiterung in den schöpferischen Prozeß eingebaut ist, werden wir immer damit beschäftigt sein, die Grenzen unseres Verständnisses aufzulösen und damit wieder eine neue Ebene, einen neuen Anfang zu erreichen. Da gibt es eine weitere Form von Illusion. Manchmal, an bestimmten Punkten unserer Entwicklung, glauben wir, daß wir alles wissen und nichts mehr zu lernen haben. Diese Illusion wird zerstört, wenn wir wieder etwas Neues erkennen, was wir lernen und in unser Verständnis integrieren müssen.

Jedes Wesen erreicht, in chronologischer Zeit gewöhnlich mehrere Jahre nach der Verschmelzung mit seiner Seele, einen Punkt, wo es wählen kann, ob es weiterhin am Erdenleben, am physischen Sein teilnehmen will. Nach diesem Punkt ist die ganze Evolution nur noch auf Dienen ausgerichtet. Für manche ist es eben diese totale Hingabe an das Dienen, die sie davon abhält, sich aus der Erdenerfahrung zu entlassen.

Durch bedingungslose Hingabe öffnet ihr euch also die Tür zu eurer herrlichen Zukunft — eurer vollkommenen Entfaltung. Ich habe das schon früher in meinen Lehren gesagt und werde es noch öfter sagen, weil es so wesentlich ist. Wenn du dich noch dagegen sträubst, vollkommen und bedingungslos zu dienen, weißt du, daß du noch nicht bereit bist, die Erde zu verlassen. Das ist ein Kriterium, mit dem du deine Evolutionsstufe einschätzen kannst. Und — täusche dich nicht — das Dienen muß *bedingungslos* sein.

Warum das? Weil der Schöpfer, als Er uns den freien Willen gab, wußte, daß wir, wenn wir uns zum bedingungslosen Dienen entschließen, bewußt, stabil, verständig und stark genug in unserem göttlichen Muster verankert sind, um die Reise abzuschließen, die „physische Existenz" genannt wird. Bedingungsloses Dienen ist der Schlüssel, der uns die Tür öffnet, der Fluchtweg, wenn du so willst, aus dem physischen Sein.

Man darf sich jedoch nicht zu bedingungslosem Dienen entschließen, um zu fliehen, denn dann ist es kein bedingungsloses Dienen. Ist es nicht interesssant, daß die Quelle das erforderliche Bewußtheitsmuster genau erkannt hat, das jeder von uns verwirklichen muß, um sich auf die erwünschte Ebene zu entwickeln und mit Freude und Dankbarkeit und in einer Haltung der Liebe und des Teilens aus der Aufgabe der physischen Erfahrung hervorzugehen? Ein ganz besonderes Kriterium für die Vollendung unseres physischen Zeitplanes ist deshalb, klar zu sehen, was bedingungsloses Dienen und bedingungslose Hingabe bedeuten, und sich dann wirklich zu dieser Hingabe zu entschließen. Ich empfehle euch, eine Affirmation bedingungsloser Hingabe zu benutzen.

Nach dem physischen Sein wird euer Wachstum leichter, reibungsloser. Warum? Weil ihr auf der physischen Ebene mit Widerständen zu kämpfen habt, euren Willen mit dem kosmischen Willen, dem Willen der Quelle, in Einklang zu bringen. Wenn ihr diese Widerstände vollständig aufgelöst habt, dürft ihr über die physische Ebene hinausgehen. Das ist wirklich die Grundlage dessen, was ihr hier im physischen Sein lernt — euch vollkommen in Übereinstimmung mit dem Willensaspekt der Quelle zu bringen. Je eher ihr euch gestatten könnt, das zu begreifen, desto klarer könnt ihr planen, wie ihr dieses Ziel erreichen wollt. Es ist euer Ziel, und ich sage euch jetzt: „Erkennt es und arbeitet in eurem Leben diszipliniert darauf hin."

Ihr werdet auch ein paar Blockaden auflösen müssen. Wir wollen das jetzt einmal etwas näher betrachten. Was sind diese Blockaden? Es sind Mißverständnisse auf jeder Ebene, auf die ihr eure Erfahrung konzentriert habt. Ihr müßt euch damit auseinandersetzen, müßt sie verstehen und aus dem Weg räumen, damit ihr den Willensaspekt des Schöpfers wahrnehmen und euch darauf einstimmen könnt. Das tut ihr, wenn ihr eure Glaubensstrukturen klärt. Eure Klarheit spiegelt der Quelle wider, was Sie ist. Ihr seid Abbilder der Quelle und müßt lernen, Sie so klar widerzuspiegeln, wie Sie in euch hineinspiegelt. Das ist wichtig zu verstehen.

Denkt einmal darüber nach. Wenn ihr alle die Mißverständnisse auf der physischen Ebene aufgebt, werdet ihr zu einer lichteren Spiegelung der Quelle. Ihr spiegelt diese lichtere Qualität (die physische Existenz, wie ihr sie jetzt seht,) ins Sein hinaus. Und dadurch erweitert sich das Sein. Diese gespiegelte Qualität geht wirklich hinaus und ruft weiteres Sein wach, läßt es entstehen. So geht der Wachstumsprozeß der Quelle vor sich. Darum findet ihr es im physischen Sein heraus. Ihr lernt, daß ihr, wenn ihr euren Willen mit dem des Schöpfers in Einklang bringt und eure Blockaden auflöst, wirklich in eurem Inneren den Schöpfer und Sein Wachstum und Sein Werden widerspiegelt. Diese Erkenntnis geht hinaus und zeigt der Ganzheit diese Möglichkeit. Das Aufzeigen dieser Möglichkeit ist das Mittel, wodurch das Ganze verstehen und wahrnehmen lernt, sich entwickelt und wächst und ständig *wird*. Es ist der Schlüssel zu aller Evolution. Es ist wirklich für uns alle ein Privileg, individualisiert zu sein. Es ist wirklich ein Privileg, daß uns gestattet wurde, aus der Quelle hervorzutreten. Es ist ein Privileg, das Verantwortungen mit sich bringt. Auf der physischen Ebene lernt ihr diese Verantwortungen kennen. Und jetzt kommt die Zeit, wo ihr euch sagt: „Ja, ich bin bereit, in jeder Eigenschaft zu dienen, die irgendwie von Nutzen ist. Wenn ich irgendwo gebraucht werde, bin ich zur Stelle." Und so sage ich euch: „KOMMT UND FOLGT DEM RUF EURER SEELE."

Ihr habt durch euer Verlangen, zu dienen, viele Gelegenheiten herbeigerufen, die euch helfen werden. Jede Gelegenheit birgt die Mittel in sich, die euch schrittweise zu den Erkenntnissen gelangen lassen, die euch dann davon befreien können und werden, in einer physischen Struktur bleiben zu müssen.

Es ist wichtig zu sehen, daß dieser schrittweise Erkenntnisprozeß euch direkt zur Befreiung aus der physischen Existenz führt. Für viele von euch, die jetzt bedingungslos dienen, kommen die Erkenntnisse sehr schnell, und ich bin so froh und unterstütze jeden von euch so gern in seiner Entfaltung. Denkt daran, meine Freunde, die wahre Realität der physischen wie jeder anderen Sphäre ist das Göttliche, das sich harmonisch, freudig, fürsorglich und immer umfassender ausdrückt.

17. Der Kreislauf der Neuanfänge

Wir versuchen, die Einheit zu verstehen — Ihre Wahrnehmung und Ihr ständiges Streben. Am Anfang sann die Einheit nach, Sie reflektierte. Dabei begann Sie, Erfahrungen zu machen. Das war, soweit wir das verstanden haben, der Anfang. Man könnte die Einheit als eine Kugel sehen. Als Sie mit Ihrer Erfahrung begann und anfing, Ihr Verständnis zu erweitern, dehnte sie sich in alle erdenklichen Richtungen aus.

Was aber war, bevor Sie mit dieser Ausdehnung begann? Sieh dir die Kugel einmal an. Was war sie, bevor sie eine Kugel wurde? Vielleicht ein flacher, zweidimensionaler Kreis, nicht wahr? Und vor dem Kreis war sie eine eindimensionale Figur, ein Punkt. Kannst du sehen, daß es, auch wenn wir den Anfang mit der Allheit gleichsetzen, vor der Allheit natürlich auf anderen Ebenen oder, wenn du so willst, in anderen Wahrnehmungszuständen andere Anfänge gegeben haben muß? Es gibt keinen Anfang. Es gibt nur eine ständig wachsende, ständig werdende Veränderung der Wahrnehmung.

Wenn du jetzt diese Worte liest, ist das für den begrenzten Verstand ein wenig verwirrend. Der Verstand sucht nach einem Anfang. Der Anfang ist jedoch einfach eine Veränderung. Und innerhalb der Allheit, innerhalb der Einheit hat es immer Veränderungen gegeben. Wenn Veränderung für dich etwas Schwieriges ist, dann liegt das im Grunde meistens daran, daß es dir schwerfällt, dich auf die Einheit, auf das ständig sich wandelnde Licht einzustimmen.

Wie kannst du am besten verstehen, daß die Allheit sich schon immer gewandelt und entwickelt hat? Vielleicht hilft es dir, wenn du Folgendes verstehst: Ein bestimmtes Konzept ist das Ergebnis vieler anderer Konzepte. Es ist eine Schlußfolgerung aus einem analytischen Prozeß. Die Einheit ist deshalb eine Schlußfolgerung aus mehreren anderen Schlußfolgerungen, die ebenfalls Zusammenfassungen früherer Erfahrungen und deshalb wiederum Schlußfolgerungen sind. Als die Einheit sich auszudehnen und zu entwickeln begann, tat Sie das in einer Spiralbewegung — vielleicht ist das besser verständlich. Das Sein wächst und entwickelt sich spiralförmig. Denke einmal darüber nach: Es gibt einen Punkt, den wir den Anfang nennen, wie wir ihn verstehen. In unserem Verständnis begann die Reise der Quelle des Lichts an diesem Punkt. Sie erreichte diesen Punkt jedoch nach einer anderen Reise, die wir noch nicht sehen.

Die Quelle des Lichts bewegt sich in einem großen Kreis voran, in einer Spirale. Um dir nun verstehen zu helfen, daß alles Sein gleichzeitig war, ist und sein wird, werden wir die Reise der Quelle des Lichts mit einem Kreis vergleichen. Die Quelle des Lichts ist also ein bestimmter Punkt auf diesem Kreis. Dieser Punkt entwickelt sich jedoch, er wächst und verändert sich. Und kannst du dir vorstellen, mein Freund, was mit der Quelle des Lichts geschieht, wenn Sie sich entwickelt, wenn Ihre Reise weitergeht? Sie wird und wächst und bewegt sich in Ihrer Spirale voran. Und wer will sagen, ob Sie sich nicht, während Sie so in Ihrer Bewußtheit, Ihrem Werden, Ihrem Lernzyklus voranschreitet, wieder dem nähert, was Sie in dem anfänglichen Kreis oder Zyklus gewesen ist? Sie wird jetzt auf einer höheren Ebene wieder zu diesem Punkt kommen. Der Kreis wird zu einer Spirale, die sich ständig erweitert. Wenn die Quelle sich wieder dem Punkt nähert, wo Sie „begann“, ist Ihre Bewußtheit also größter geworden. Aber kannst du auch sehen, daß *jeder* Punkt auf dem Kreis ein neuer Anfang ist?

Jeder Punkt ist ein Anfang, und so begann das Sein. DAS SEIN BEGINNT IM EWIGEN JETZT. Jeder Punkt auf der Evolutionsspirale ist ein Neubeginn, ist der Anfang. *Den* einen Anfang gibt es nicht. Jeder Punkt, dem man sich mit Bewußtheit nähert, ist ein Neubeginn. So begann das Sein. Es hat schon immer begonnen, ist schon immer gewesen. Und um das zu verstehen, mußt du den Kreis mit der Spirale gleichsetzen, und die Spirale mit einem Punkt, der immer im Werden ist und schon immer im Werden war.

Es wird nicht oft darüber gesprochen, wie die Individuation vor sich geht. Sie ist der Prozeß des Erwachens innerhalb der Quelle selbst, und in dem Maße, wie die Quelle immer mehr erwacht, kommen diese Potentiale in Ihr hervor. Djwhal hat gesagt, daß die Funken — individualisierte Teile des Schöpfers — alle gleichzeitig erschaffen wurden, und das ist richtig. Einige befinden sich jedoch erst in einem potentiellen Zustand. In dem Maße, wie die Quelle sich rührt, wie Sie lernt und sich entwickelt, treten in verschiedenen Intervallen bestimmte Funken aus Ihr hervor. Es gibt einen großen Rhythmus innerhalb der Allheit und einen schönen rhythmischen Ansatz zu Evolution und Wachstum.

Individualisierte Funken beginnen ihre Erfahrung an verschiedenen Brennpunkten oder, wie ihr auf der Erde sagen würdet, zu verschiedenen „Zeiten". Es stimmt natürlich nicht ganz genau, aber um das im Zusammenhang des ewigen Jetzt sehen zu können, könnte man zum Beispiel sagen, daß ein bestimmter Brennpunkt in bestimmten Intervallen aktiv wird. Die aktiven Anfänge sind die individualisierten Teile der Quelle des Lichts. Das Licht individualisiert sich dadurch, daß es Seine Aufmerksamkeit in einem Brennpunkt sammelt, daß es eine Gelegenheit schafft, durch diese individualisierten Punkte immer mehr Verständnis zu gewinnen. Man könnte sagen, daß die Quelle noch nicht alle Ihre unbegrenzten Potentiale betrachtet hat, und auch niemals alle betrachten wird, daß Sie jedoch unablässig weitere Potentiale aktiviert. Jedes dieser Potentiale ist ein individualisierter Teil Ihrer selbst, den Djwhal ein „sich entwickelndes Bewußtsein" genannt hat. Dieser Begriff ist zutreffend genug, wenn auch ziemlich begrenzt. Man muß über den individualisierten Prozeß hinaussehen und verstehen, daß ein Individuum nichts weiter ist als eine Bewußtseinseinstellung der Allheit. Man könnte diesen Vorgang wirklich mit dem Spielen eines schönen Instrumentes vergleichen — vielleicht eines Flügels.

Klang wird erzeugt, indem man eine bestimmte Kombination individueller Töne stimuliert oder hervorbringt. Genau das tut der Schöpfer, die Quelle, die Allheit. Sie erschafft die Musik, die Harmonie des Seins, indem Sie bestimmte Teile Ihrer Selbst stimuliert oder individualisiert. So stimuliert, bringen diese ein bestimmtes Gedicht des Seins hervor. Gefällt dir dieser Ausdruck, „Gedicht des Seins"? Und diese Gedichte haben eine bestimmte Reihenfolge. Sie werden immer größer, sind immer im Werden, und jedes einzelne wird ausführlich erfahren und erforscht. Wenn die Quelle, das Allwissen diesen bestimmten Zyklus, dieses „Gedicht" erschaffen und vollendet hat, zieht Sie sich für eine Weile zurück und verarbeitet und betrachtet die Erfahrungen, die Sie gesammelt hat. Auch das ist ein Zyklus. Wenn die Quelle gelernt und die anstrengende Aktivität des Kosmischen Tages verarbeitet und sich davon „erholt" hat, geht Sie wieder hinaus und bringt ein neues Gedicht, eine neue Kombination bestimmter Brennpunkte, Schwingungen und Klänge hervor, die wieder ein weiteres Kosmisches Gedicht erzeugen. Das ist ewig, das geschieht unablässig. Die Quelle des Lichts hat für Ihre Erfahrung einen bestimmten Rhythmus gewählt — das Hinausgehen während des

Kosmischen Tages, das Sich-Zurückziehen und Betrachten während der Kosmischen Nacht. Das bedeutet nicht, daß während der Kosmischen Nacht irgend etwas zerstört wird. Es bedeutet, daß die Quelle inaktiv wird, daß Sie nicht in aktivem Sinne Erfahrungen macht. Das Allwissen, die Quelle und Ihre bestimmten Brennpunkte meditieren über ihre Erfahrungen während des Kosmischen Tages.

Im Sinne chronologischer Zeit sind diese Kosmischen Tage nun sehr, sehr lang. Es ist hier nicht wichtig, euch irgendeine Anzahl von Jahren zu nennen, aber wißt, daß sie viel größer ist, als bislang gesagt wurde. Wenn man sein Bewußtsein auf chronologische Zeit konzentriert hat, ist es beinahe unmöglich zu verstehen, was die Kosmische Zeituhr tatsächlich ist, und dabei völlig im Gleichgewicht zu bleiben. Kosmische Zeit ist keine Zeit, wie ihr sie auf der Erde kennt. Sie ist das Stimulieren eines bestimmten Brennpunktes innerhalb der Quelle, eine Aktivierung dieses Brennpunkts. Der Fokus ist ewig da. Manchmal ist er aktiv und manchmal nicht.

Wenn ein bestimmter Brennpunkt zum ersten Mal stimuliert oder aktiviert wird, nennen wir das, wie Djwhal gesagt hat, das Hervortreten der individuellen Totalität. Da die Quelle überall Erfahrungen macht und durch jeden Ihrer Brennpunkte lernt, durchläuft Sie in jedem Punkt die gesamte evolutionäre Spirale. Jeder Brennpunkt ist ein Miniaturabbild der Ganzheit. Wir können jedes Miniaturabbild besprechen und etwas darüber lernen und daraus sehen, was die Quelle des Lichts selbst durchlaufen hat — wie Sie begonnen hat. Wenn man das näher bedenkt, ist es wirklich ehrfurchtgebietend.

Glaubst du — und das ist jetzt nur so zur Überlegung hingeworfen —, daß unsere Quelle in einer größeren Quelle enthalten sein könnte, von der Sie selbst nur ein Miniaturabbild ist? Ich stelle das nur als Frage in den Raum. Ich weiß die

Antwort nicht, aber wenn die Evolution und ihre Entwicklung endlos ist, dann ist vielleicht auch ihr Beginn endlos. Wir könnten uns einmal überlegen, ob die Größenverhältnisse vielleicht nur durch unsere Wahrnehmung begrenzt sind. Noch einmal: Das ist nur dazu gedacht, euch Appetit auf mehr zu machen; ich möchte euch helfen, nach innen zu gehen, und über die Quelle des Lichts und eure Beziehung zu Ihr zu kontemplieren. Das ist sehr aufregend, und ich tue es fortwährend. Ein Aspekt von mir, Vywamus, ist immer damit beschäftigt, die Quelle des Lichts und Ihre Evolution zu betrachten — natürlich in dem Wissen, daß Sie ich ist und ich Sie bin und daß es da keinen Unterschied gibt. Aber jedes Mal, wenn ich Sie betrachte, finde ich, daß *ich ein wenig lerne. Ich merke, daß ich tiefer gehen kann.* Es gibt kein Ende und keinen Anfang, nur Werden, nur Wachsen, nur Entwicklung, nur immer größeres Verständnis und immer größere Liebe und Wertschätzung.

Ich möchte das nun einen Schritt weiter entwickeln. Wir haben zunächst eine Zusammenfassung des evolutionären Prozesses aus der Sicht der Quelle des Lichts und Ihres Wachstums gegeben. Und natürlich ist alles, was es gibt, in dieser Quelle des Lichts enthalten. Die Quelle des Lichts sendet eine Schwingung, eine bestimmte Klangkombination aus, und jeder von euch ist ein einzigartiger Ton innerhalb der Schwingung, die wir die Ganzheit nennen. Wie fügt sich nun deine Entwicklung, dein Wachstum in das ein, was ich über die Einheit und daß Sie schon immer dagewesen ist, gesagt habe? Es scheint mir wichtig, zu erkennen, daß du die Quelle bist, die aus einem individuellen Blickwinkel schaut, und daß du danach strebst, das zu lernen, das zu verstehen, diese absolute Wahrheit wahrzunehmen. Die Leute fragen: „Gibt es eine absolute Wahrheit?" Für mich ist die Antwort: „Ja." Die absolute Wahrheit ist die Erkenntnis deiner eigenen individuellen Wahrnehmung der Quelle des Lichts. Nun ist eure Wahrnehmung niemals genau dieselbe wie die irgendeines anderen. Und das ist auch nicht so gedacht. Wir können zusammen lernen, aber unsere Wahrnehmung verfeinert sich und spiegelt unsere eigene Einzigartigkeit wider. Als individuelle Wahrnehmung innerhalb der Quelle des Lichts haben wir die Fähigkeit, unsere eigene Wahrnehmung in die Ganzheit einzufügen. Wenn du das in seiner ganzen Tragweite verstehst, ist es phantastisch: Es bedeutet, daß du, wenn du deinen individuellen Platz in der umfassenden Einheit finden kannst, sofort mit dieser Einheit, dieser Ganzheit in Einklang kommst. Es ist das Mittel dazu. Wenn du dich nun dem Punkt näherst, wo du beginnst, deine Aufgabe hier auf der Erde und deshalb im Kosmischen Plan für die Erde zu erfüllen, findest du immer mehr jenen ganz bestimmten Einklang mit der Quelle des Lichts. Du bekommst durch deinen spirituellen Kanal Zugang zu Ihr. Du öffnest diesen spirituellen Kanal, indem du deine eigene einzigartige Wahrnehmung der Quelle des Lichts findest, deinen eigenen einzigartigen Platz in Ihr. Die Aufgabe, euer Lebenssinn, nach dem so viele von euch fragen, ist deshalb der Schlüssel zu eurer Evolution. In dem Maße, wie du beginnst, zu dienen, anderen zu helfen und diese Aufgabe zu erfüllen, kommst du immer voller in Einklang mit der Quelle des Lichts. Das bedeutet, daß du dir deiner eigenen Harmonie, deines eigenen Tones immer bewußter wirst und dann durch diesen eigenen, einzigartigen Schwingungston die Schwingung des Ganzen erfährst. Die Einheit spiegelt sich in dir, hallt in dir wider und verströmt Ihre Harmonie durch dich. Wenn du dich deinem eigenen einzigartigen Weg näherst, erfährst du die Einheit.

Nun, das ist sehr aufregend. Die Harmonie deines Tones hilft dir auch, der Quelle des Lichts näherzukommen. Für mich, Vywamus, ist das der harmonischste und schönste

Weg zu Ihr: durch deine eigene Schwingung, indem du mit deiner eigenen inneren Einzigartigkeit in Berührung kommst. Denn diese Einzigartigkeit ist deine eigene Wahrnehmung der Quelle des Lichts. Diese Wahrnehmung ist nicht getrennt. Sie ist nur ein individueller Teil der Quelle, ein Brennpunkt der Quelle des Lichts, der Wahrnehmungen enthält. Du bist die Quelle. Kannst du es sehen? Du bist die Quelle. Kannst du es fühlen? Im Erdenleben mußt du deine kosmischen Aufgaben erfüllen, um an der Quelle des Lichts teilzuhaben.

Wenn du dich auf diese Weise mit der Quelle des Lichts in Einklang bringst, ist das nicht traumatisch. Es ist auch nicht schwierig. Es IST einfach, und dein inneres Wissen wird darauf reagieren. Du wirst buchstäblich zu einer harmonischen Verkörperung der Quelle des Lichts. Wenn du das im Physischen ganz verkörpern kannst, zumindest soweit es deine Erdenerfahrung betrifft, dann näherst du dich dem Ziel, das Djwhal die „Dritte Einweihung" genannt hat, und, meine Freunde, darüber hinaus gibt es noch viel mehr!

Ich, Vywamus, komme also, um euch zu helfen, über diesen Punkt in eurer Evolution hinauszugehen. Beschränkt auch nicht darauf, mit eurer Seele verschmelzen zu wollen. Strebt nach der Verschmelzung mit der Quelle des Lichts aber tut es auf eine bestimmte Weise. Bitte versteht, wie ihr euch harmonisch mit der Quelle des Lichts in Einklang bringen könnt. Für viele von euch hier ist dies der Schlüssel zu den nächsten Schritten in eurer Evolution. Später werdet ihr dafür natürlich feinere Wege erkennen, aber der Prozeß sollte und kann gleich hier und jetzt begonnen werden. Denkt also darüber nach. Djwhal hat betont, daß Dienen der Schlüssel zu eurer Evolution ist, und ich stimme damit überein. Es ist deshalb so, weil es euch eure eigene einzigartige Wahrnehmung der Quelle des Lichts bewußt macht und euch mit Ihr in Einklang bringt. Das ist der Prozeß, der begonnen hat, wenn ihr euch jetzt bemüht, eure ganz eigenen Ziele zu erfüllen.

Denkt darüber nach. Eure Ziele haben vielleicht eine individuelle Perspektive; sie sollen sich jedoch in die Einheit, in die Ganzheit einfügen und in ihr wirken. Wenn du noch immer eine Trennung wahrnimmst und dich von der Einheit abgeschnitten fühlst, dann wird dich das erstens daran hindern, deine ganz einzigartigen Ziele zu finden, und zweitens, mit der Einheit in Einklang zu kommen. Für viele von euch ist der Schlüssel, glaube ich, an eurem Gefühl des Getrennt- oder Abgeschnittenseins zu arbeiten, oder an dem Bedürfnis, innerhalb des Kosmischen Planes für die Erde einen herausragenden oder wichtigen Platz einzunehmen.

Ihr müßt wirklich verstehen, daß es das *Zusammenspiel* eurer Bemühungen ist, das euch eure eigene Einzigartigkeit sehen läßt. Wenn ihr euch aufmacht, dem Kosmischen Plan zu dienen, wie viele es jetzt zu tun beginnen, dann gebt ihr gewissermaßen eure Fähigkeiten wieder in den „großen Topf" der Quelle des Lichts zurück und sagt: „Hier sind sie. Ich gebe mich jetzt der Quelle hin. Benutze meine Fähigkeiten, benutze meine Energien. Ich komme zurück. Ich knüpfe meine Hingabe nicht an bestimmte Bedingungen. Ich sage nicht, daß ich auf bestimmte Weise beachtet werden will.

Ich gebe alles der Allheit. Ich bin bereit, zu dienen, wie ich kann. Ich bin bereit. Setze mich zum Dienst ein, wo immer er gebraucht wird."

Wenn du das Bedürfnis aufgibst, auf bestimmte Weise dienen zu wollen, geschieht etwas Interessantes. Der höhere Aspekt deines Selbst kann nämlich jetzt beginnen, dir sein Ziel auf sehr umfassende Weise einzugeben. DU BEKOMMST, WONACH DU STREBST, WENN DU ES NICHT MEHR AUF BESTIMMTE WEISE HABEN WILLST. Weißt du, es ist wichtig, zu sehen, wie du dienen und deine Kräfte einsetzen kannst, aber vielleicht können die Quelle des Lichts oder Ihre Stellvertreter diese Kräfte klarer erkennen als du. An dem Punkt, wo du dich „mit Leib und Seele“ bedingungslos hingibst, nicht nur mit dem Intellekt, sondern aus deinem tiefsten Inneren heraus, öffnest du dich diesen Möglichkeiten. An diesem Punkt weiß die Quelle des Lichts, daß hier ein Arbeiter ist, ein Dienender, der in der Einheit benutzt werden kann.

Nun haben sich einige von euch solchermaßen hingegeben und sitzen nun da und warten. Und warten. Und warten, und es scheint nichts zu geschehen. Und sie sagen: „Aber ich habe mich doch hingegeben. Ich habe gesagt: ‚Ich will dienen‘, nun benutze mich auch.“ Sie warten, und ihre physische Existenz wird begrenzt und eng. Es scheint nichts zu geschehen. Was ist los? Warum hat der Dienst nicht angefangen?

Nun, meine Freunde, auf den höheren Ebenen, in der geistigen Sphäre hat er begonnen, aber noch nicht in der Erdensphäre. Und warum nicht? Warum ist nicht plötzlich alles an seinen rechten Platz gefallen? Um das zu verstehen, muß man vielleicht zur Natur des Göttlichen selbst zurückkehren und sie betrachten.

Die Göttlichkeit erschafft. Sie ist ein schöpferischer Prozeß, der vorwärtsdrängt und erfährt und lernt und wird und teilt und ist. Ihr seid die Göttlichkeit. Ihr habt eure Aufmerksamkeit hier auf die Erde konzentriert. Nachdem ihr euch solchermaßen verpflichtet habt, braucht ihr nur als das Göttliche vorwärts zu gehen und zu dienen beginnen. Das ist eure physische Verantwortung, und ihr lernt, indem ihr es tut. Es war nie so gedacht, daß die spirituelle Sphäre euch das Erschaffen im physischen Bereich abnehmen soll. Dieser Fokus im physischen Sein, den ihr gerade erfahrt, gibt euch eine einzigartige Gelegenheit. Nun, das bedeutet nicht, daß ihr nicht in vollkommenem Einklang mit der Quelle des

Lichts sein könnt. Vielmehr werdet ihr diesen Einklang entwickeln, wenn ihr euren Kanal geöffnet habt, indem ihr hier in der irdischen Sphäre entschlossen euren einzigartigen Platz im Kosmischen Plan des Schöpfers erschafft.

Seht ihr, daß *ihr* die Verantwortung habt, zu erschaffen, wozu ihr euch verpflichtet habt? Ich habt euch mit Leib und Seele der Aufgabe hingegeben, bedingungslos zu dienen. Nun nehmt diese Verantwortung an, geht voran auf der irdischen Ebene und erschafft euren Platz. Vollkommene Übereinstimmung mit dem Göttlichen kann euch dabei helfen. Die Quelle des Lichts und das Göttliche, das ihr als eure eigene Einzigartigkeit wahrnehmt, werden euch darin unterstützen. Das ist wirklich alle Unterstützung, die ihr jemals brauchen, euch wünschen oder erhoffen könntet. Getrennt, wie ihr es vorher wart, habt ihr eure Wünsche, Bedürfnisse und Verlangen für wichtig gehalten. Seht nun, nachdem ihr euch vollkommen hingegeben habt, daß ihr diese Wünsche, Bedürfnisse und Verlangen wirklich der Quelle des Lichts übergeben und sicher sein könnt, daß für sie gesorgt sein wird, daß eure eigene Göttlichkeit und die Übereinstimmung mit der Quelle des Lichts sich ihrer annehmen werden.

ALL DIES BEDEUTET, DASS IHR JETZT AUF DER IRDISCHEN EBENE HINAUSGEHEN UND EUREN PART IM KOSMISCHEN PLAN DES SCHÖPFERS FÜR DIE ERDE ERSCHAFFEN MÜSST. Nun vergeßt nicht, ich habe nicht gesagt, ihr sollt „für euch allein“ dienen. Ich sagte, ihr müßt euren eigenen einzigartigen Part innerhalb der Einheit finden. Versucht also zu verstehen, daß ihr das Göttliche seid, das für die Quelle des Lichts erschafft. Dafür seid ihr auf der Erde. Ihr sollt nicht passiv in dem schöpferischen Prozeß sein. Ihr sollt euren Willen in Einklang mit dem Plan des Schöpfers bringen und zielgerichtet mit dem Licht voranschreiten. Wir entwickeln uns zusammen. Wir sind die Quelle. Wir sind die Einheit.

Ich kann einige von euch sagen hören: „Ja, aber ich weiß nicht, was meine Aufgaben sind. Ich weiß nicht, was ich tun soll.“ Nachdem ihr euch so hingegeben habt, ist euer erster Schritt, zu erkennen, daß ihr das getan habt. Das klingt vielleicht seltsam, ist es jedoch nicht. Es bedeutet, daß alles anders wird, wenn ihr euch wirklich vollständig hingegeben habt. Es findet augenblicklich eine innere Ausrichtung auf die Quelle des Lichts statt, wie ihr sie nie zuvor gekannt habt. Ihr seid nicht mehr dieselben. Eure Wahrnehmung hat sich um 90 Grad gedreht. Ihr seid zu dem Mittel geworden, durch das der Schöpfer voranschreitet. Ihr habt, zumindest innerlich, die Getrenntheit aufgegeben.

Was müßt ihr jetzt tun? Ihr müßt die *Auswirkungen* der Getrenntheit tilgen, die bis zu diesem Punkte auf den äußeren Ebenen vorhanden waren. Das ist vermutlich das Wichtigste, was ich bisher gesagt habe. Im äußeren Leben werdet ihr noch eine Zeitlang mit den Auswirkungen zu tun haben, die ihr erschaffen habt, bevor ihr euch hundertprozentig dem Dienst an der Quelle des Lichts hingegeben habt. Ihr könnt euch mit diesen Auswirkungen auseinandersetzen und sie in Einklang mit euren neuen Zielen bringen.

Ich meine damit nicht, daß ihr eure jetzigen Verantwortungen beiseiteschieben und sagen sollt: „Das mache ich jetzt nicht mehr.“ Natürlich nicht. Aber wenn ihr euch nach innen wendet und seht, wie eure Verantwortungen sich in diesen herrlichen Kosmischen Plan einfügen, werdet ihr wirklich euer Leben zu einem immer vollkommeneren Werkzeug des Dienens machen können.

Das, was war, muß vollkommen losgelassen werden. Viele von euch verstehen das symbolisch. Für andere ist es konkret. Es bedeutet, daß du bereit sein mußt, deine Erdenerfahrung, wie sie in der Vergangenheit war, loszulassen. Oft genügt es schon, daß du bereit dazu bist, dann mußt du es vielleicht nicht wirklich tun. Wenn dein Dienen dich jedoch in andere Bereiche führt, wo es wichtig ist, daß du ganz frei bist, mußt du vielleicht alles aufgeben. Wichtig ist, daß du dazu bereit bist. Noch einmal: Das heißt nicht, und verstehe es bitte nicht so, daß du deine jetzigen Verantwortungen einfach stehen- und liegenlassen sollst. Verpflichtungen, die du eingegangen bist, müssen eingehalten werden, oder du mußt sie in Übereinstimmung mit deinem neuen Leben bringen oder neu verstehen. Du mußt genau da beginnen, wo du gerade stehst.

Es ist wichtig, zu sehen, daß du das *kannst*. Du wirst es tun, weil du zu einem Werkzeug der Quelle geworden bist. Denke über diese Behauptung nach. Du bist ein Werkzeug der Quelle geworden, das in der physischen Sphäre dient. Du wirst hier in der physischen Sphäre sein und ganz und gar der Quelle des Lichts dienen. Das ist es, was beginnt, wenn du dich bedingungslos hingibst, das sollst du verstehen.

Laß mich auch noch einmal betonen, daß du dieses Werkzeug des Dienens erschaffen mußt. Du mußt dir alle Auswirkungen, die da sind und die du auch erschaffen hast, anschauen. Du mußt dich als Dienender entschlossen mit allem befassen, was ansteht. Du mußt sehen, daß diese immer stärkere Ausrichtung auf die Quelle des Lichts dich erhalten und stützen kann. Weit davon entfernt, von irgend etwas abgeschnitten zu sein, beginnst du durch deine Hingabe zunehmend die Unterstützung durch die Quelle zu erkennen, und zu sehen, daß du niemals abgeschnitten warst. Viele von euch haben sich jedoch bis zu diesem Punkt als getrennt erlebt. Viele Menschen erfahren ihr Erdenleben aus einer Perspektive der Getrenntheit.

Der Menschheit bieten sich jetzt Gelegenheiten, die von der geistigen Sphäre aus viel klarer zu erkennen sind. Das geistige Sein ist viel größer, viel umfassender, als man es vom Physischen aus für möglich hält. Wenn man sich in der geistigen Sphäre entfaltet und entwickelt, bekommt man ganz allmählich eine Ahnung von all den Schichten des Seins. Man lernt die Vielfalt des Seins kennen, die zur Einheit verschmilzt, die man aber als Schichtung sieht. Die Struktur des Seins wird sozusagen kristallklar. Man kann den Brennpunkt seiner Aufmerksamkeit auf eine bestimmte Ebene einstellen, so wie ihr alle jetzt den Brennpunkt eurer Aufmerksamkeit auf die physische Ebene eingestellt habt. Doch in eurer spirituellen Entwicklung beginnt ihr, die vielschichtige, vielfacettige Ganzheit zu sehen. Das bedeutet, daß ihr verschiedene Brennpunkte der Erfahrung sehen könnt und dadurch sehr bereichert werdet. Wie ich schon an früherer Stelle gesagt habe, sendet die Quelle des Lichts für einen bestimmten Kosmischen Tag ein bestimmtes „Gedicht der Schöpfung" aus. Es wird zu einem Zusammenspiel von Klang, von Schwingung, das diese Gelegenheit zum Erfahren, zum Lernen, zur Entwicklung und zum Wachstum erschafft. Wie beginnt ein Kosmischer Tag? Wie wird beschlossen, was ausgesandt werden soll? Wie beginnt der schöpferische Prozeß? Hast du darüber nachgedacht?

Wir betrachten es als ein Wunder, als etwas, was weit über unser Begriffsvermögen hinausgeht, bis wir in unserem geistigen Sein, in unserer geistigen Totalität, die vielen Schichten zu sehen beginnen, und sehen, wie jede Schicht zu jeder anderen in Beziehung steht. Wir entwickeln allmählich ein „Gespür" für die Entfaltung, für das Drama des Erfahrens, des Lernens und Werdens. Jede Schicht leitet gewissermaßen in die nächste, sich entfaltende Schicht über. Aus eurer Totalität heraus könnt ihr ziemlich leicht vorhersagen, was sich auf der nächsten Ebene entfalten wird.

Wenn du also einen bestimmten Punkt in deiner Entfaltung oder Entwicklung erreicht hast, dann beginnst du auch, die nächste Ebene, und wie sie sich vermutlich entfalten wird, zu sehen. Allmählich erkennst du, wie jede Ebene in ihrem vollständigen Potential mit allen anderen Ebenen zusammenhängt. Dann kannst du wirklich beginnen, die Beziehung zwischen einem Kosmischen Tag und dem nächsten zu sehen. Die Tage entfalten sich auch, weißt du. Wir haben jetzt einen bestimmten Kosmischen Tag. Wenn wir einen Blick auf den Inhalt des letzten Kosmischen Tages werfen könnten, könnten wir sehen, was sich an diesem jetzigen Tag entfaltet und auch, was sich vermutlich am nächsten Tag entwickeln wird. Wir können die Strömungen sehen. Ich will dir etwas über unseren jetzigen Kosmischen Tag erzählen. Der Kosmische Tag, auf den wir gerade jetzt unsere Aufmerksamkeit eingestellt haben, ist kein junger Tag. Kosmische Tage sind riesig, und der jetzige ist nur einer von rund einer Million, die schon verstrichen sind. Das ist natürlich eine allgemeine Zahl, eine Auf- oder Abrundung, keine genaue Zeitangabe.

Was kommt? Nun, man könnte sagen, diese Kosmischen Tage sind ewig, ohne Ende, sie gehen ständig hinaus und entfalten sich. Wir befinden uns irgendwo in der Reihe der Kosmischen Tage, die potentiell unbegrenzt und endlos sind. Was könnte man wohl, wenn du darüber nachdenkst, über diesen Kosmischen Tag sagen, was nicht auch schon auf die beinahe eine Million anderer zugetroffen hätte, die schon vergangen sind? Jeder Kosmische Tag ist eine einzigartige Interpretation des Seins. Wenn wir auf die ersten Tage zurückblicken, dann sehen wir vor allem, daß sie nicht so komplex waren. Es gab nicht so viele Schichten, nicht diesen Reichtum in der Entfaltung des Seins.

Die Quelle des Lichts ist im Laufe Ihrer Entwicklung, Ihres Wachstums, in dem Maße, wie Sie jeden Kosmischen Tag kontempliert und verstanden hat, um ein Vielfaches reicher geworden. Die geistigen Lehrer sagen nicht von ungefähr: „Reflektiere über deinen Tag, wenn er zu Ende geht. Schau, was du gelernt hast. Überdenke, was vor sich gegangen ist." Es ist ein guter Weg, um etwas über dich selbst zu lernen. Die Quelle des Lichts reflektiert, überdenkt und lernt am Ende eines jeden Kosmischen Tages auf sehr umfassende Weise. Wenn Sie dann den nächsten Tag komponiert und aufsetzt, verschönert und bereichert Sie ihn. Der nächste Tag ist noch vielfältiger. Besagt das nicht, daß das Sein, nachdem vor diesem jetzigen Kosmischen Tag vielleicht schon eine Million anderer verstrichen sind, in einem Maße bereichert, verschönert und erweitert worden sein muß, wie es sich keiner von uns — auch ich nicht — zu diesem Zeitpunkt vorstellen kann? Ich habe gelernt, daß man sich, wenn man im physischen Sein etwas tut, was eine Aktivität der Quelle des Lichts selbst spiegelt, direkt mit der Quelle des Lichts verbindet. Wenn du also deinen eigenen Tag betrachtest und darüber nachdenkst, steigst du in den Schichten deiner Selbstwahrnehmung, deines Bewußtseins auf und kommst in direkten Kontakt mit der Quelle des Lichts und Ihrer Kontemplation.

Du sagst jetzt vielleicht: „Aber dieser Kosmische Tag dauert ja noch an. Die Quelle des Lichts ist doch noch gar nicht in Ihrer kontemplativen Phase. Wenn Sie es wäre, würden wir ja keine Erfahrungen mehr machen." Und ich sage: „Das ist richtig." Aber vergiß nicht, daß man sich in der nicht-chronologischen Zeit mit allem verbinden kann, was es gibt. Du brauchst nur deine Aufmerksamkeit darauf einzustellen — denn das ist Zeit in der geistigen Sphäre — ein Brennpunkt der Aufmerksamkeit. Wenn du also deinen Tag überdenkst, deine Aufmerksamkeit auf das kosmische Nachdenken einstellst, kannst du dich wirklich an diese schöne, erweiterte, umfassende göttliche Kontemplation anschließen.

Was gewinnst du dadurch? Zum einen hebst du deine eigene Kontemplation auf eine Ebene völlig freien Fliessens. Wenn du in deinem konzeptionellen Denken sehr offen bist, erweiterst du dich in das, was man das Universelle Bewußtsein genannt hat, hinein. Ich persönlich finde wirklich, daß diese Fähigkeit, mich an die Kontemplation der Quelle des Lichts anzuschließen und so aus Ihrer Erfahrung zu lernen, mir mehr geholfen hat als alles, was ich sonst noch ständig tue. Wir sind Teile der Ganzheit, der Quelle des Lichts, weißt du, und wir können von Ihrer Lernerfahrung profitieren. Das ist ein Vorschlag für diejenigen von euch, die sehen können, was es ihnen geben kann, und die sich die Mühe machen wollen, mit dieser Technik zu arbeiten.

Wenn es dir beim ersten Mal schwerfällt, dich so auf die Kontemplation der Quelle des Lichts einzustimmen, gib nicht auf, sondern versuche es immer wieder. Daß du auf dem richtigen Weg bist, kannst du wahrscheinlich am besten daran erkennen, daß Ideen und daraus folgende Einsichten sich nur so zu überstürzen beginnen. Daran kannst du sehen, daß du deinen Kanal wirklich DER QUELLE DES LICHTS IN IHREM KONTEMPLATIVEN ASPEKT geöffnet hast. Ist das nicht interessant? Soll das heißen, daß wir unseren Kanal nicht nur bestimmten Individuen und unserer eigenen Seele öffnen können, sondern auch bestimmten Aspekten des Bewußtseins? Genau das soll es heißen!

Du kannst dich auf ganz bestimmte Weisen an die Quelle des Lichts und Ihre verschiedenen Arten des Erfahrens anschließen. Was möchtest du lernen? Kannst du diese Technik anwenden? Ich sage dir: „Ja, wenn du weißt, wie es geht." Wir sprechen hier von dem natürlichen Lehrer. Was meine ich damit? Das Göttliche — die Totalität des Göttlichen — macht Erfahrungen, und da sie eine sehr erfahrene Totalität des Göttlichen ist, können wir von Ihr lernen. Sie ist für uns alle der höchste Lehrer, wenn wir die „Channeling"-Techniken, die wir lernen, die Techniken, die ihr von euren geistigen Lehrern, wie zum Beispiel von mir, bekommt, dazu nutzen, das solchermaßen Gelernte im Selbst zu verankern. Das ist ein Ziel, und wir streben es gemeinsam an.

Nun können wir oftmals die „Größe" der Schöpfung nicht sehen. Das macht nichts, denn in dem Maße, wie du wächst, wie du lernst und dich entfaltest, beginnst du ohnehin zu ahnen, daß sie viel größer ist, als du zuvor angenommen hattest. Die Erweiterung deines Verständnisses ist ein ständiger Entfaltungsprozeß. Wenn du einen Blick auf die nächste Ebene erhaschen kannst, siehst du, daß sie viel größer ist als die vorangegangene, viel größer, als du es dir vorher vorgestellt hattest. Du erreichst die nächste Ebene, und es geschieht wieder dasselbe. Du bekommst immer wirklich gerade eine Ahnung davon, daß die Schöpfung viel größer ist, als du es früher gesehen hattest.

Ich bin sicher, daß auch ich, Vywamus, erst einen kleinen Blick auf das erhascht habe, was es in Wirklichkeit in diesem ganzen schöpferischen Bereich der Quelle des Lichts gibt. Ich beginne gerade erst, Ihre wahren Potentiale zu erahnen. Vor kurzem bin ich jedoch zu einer wichtigen Schlußfolgerung gekommen, von der ich den Eindruck habe, daß sie richtig ist. Noch einmal —, ich beginne gerade erst zu ahnen, was ich da spüre, aber ich glaube, es ist richtig. Ich habe den Eindruck bekommen, daß sich die Quelle des Lichts in einem Tempo ausdehnt, das wahrlich ehrfurchtgebietend ist. Ihre Ausdehnung hat aber nun begonnen, sich zu verändern. Zum ersten Mal in allem Sein, in Ihrer ganzen Erfahrung als Einheit, auf Ihrer Ursprungsebene, die wir die Quelle des Lichts nennen, verändert Sie sich in eine Richtung, in eine Vielfalt des Austauschs der Moleküle, wenn man so will, aber nicht im physischen Sinne. Die

Moleküle der schöpferischen Kraft dehnen sich aus, explodieren buchstäblich wie nie zuvor. Wie soll ich das ausdrücken? Etwa eine Million Jahre lang hat die schöpferische Kraft gewirkt, sind Schwingungen ausgesandt worden. Nun ist unser jetziger Kosmischer Tag zu drei Vierteln verstrichen. Nach seiner Vollendung wird es eine neue Art von Kosmischem Tag geben. Wir, die wir Teil der Quelle des Lichts sind, werden das Sein auf komplexere, vieldimensionalere und vielschichtigere Weise sehen als je zuvor. Es wird eine neue Seinsweise entwickelt werden, und diese Entwicklung beginnt gerade jetzt.

Weißt du, die Quelle des Lichts, die sich ständig ausdehnt und ständig verändert, sucht immer nach neuen Wegen, nach neuen Ebenen, nach neuen inneren Räumen, die sie erforschen kann. Und so etwas ist gerade im Entstehen. Nun, es ist nicht Teil dieses Kosmischen Tages, aber vergiß nicht, im Sinne kosmischer Zeit kommt es bald, und man kann beginnen, sich darauf einzustimmen. Das habe ich getan. Deshalb sage ich euch, daß ich ein großes Ereignis spüre, das innerhalb der Quelle des Lichts selbst bevorsteht.

Das besagt etwas sehr Interessantes, und deshalb spreche ich davon. Die Quelle des Lichts ist auf ein großes Potential Ihrer selbst gestoßen, auf eine Veränderung, die Sie bereichern und es Ihr ermöglichen wird, auf andere Weise, in einem anderen Brennpunkt zu verstehen, und die Ihre Erfahrung und Ihre Fähigkeit, zu erfahren, voranzuschreiten und sich zu entwickeln, erweitern wird. Was bedeutet das nun? Es bedeutet, daß ihr, wenn ihr euch an die Entfaltung der Quelle des Lichts anschließen könnt, wenn ihr, spirituell gesprochen, ganz konkret an Ihrem Erreichen neuer Möglichkeiten teilhaben könnt, auf konkretere, sich physisch manifestierende Weise mit euren eigenen Möglichkeiten in Berührung kommt. Deshalb spreche ich so ausführlich darüber. Ihr könnt lernen, an diesen Möglichkeiten teilzuhaben.

Genauer gesagt wird das, woran ihr teilhaben könnt, ein freies Fließen sein, ein bestimmter Aspekt dieser Qualität. Wir haben deshalb ein Wesen mit Namen Alazaro eingeladen, das kürzlich zur Erde gekommen ist. Sie will der Erde helfen, auf so viele Weisen, wie es sich die Erde im Moment vorstellen kann, an diesem freien Fließen teilzuhaben. Alazaro ist in der ganzen Schöpfung die Spezialistin für freies Fließen. Sie hat mehr Arten dieser Qualität gesehen, als ich hier aufzählen kann.

Wenn ihr persönlich durch euren eigenen Kanal mit Alazaro in Kontakt treten wollt, kann sie euch helfen, in dieser kosmischen Zeit an der Entfaltung der Möglichkeiten der Quelle des Lichts teilzuhaben und in eurer eigenen Spiegelung der Quelle dieselben Möglichkeiten zur Entfaltung zu bringen. Ihr könnt lernen, das neue Verständnis, die neue Entfaltung der Quelle des Lichts in eurem eigenen Abbild zu benutzen. Im Neuen Zeitalter wird Alazaro in einer eigenen physischen Struktur auf die Erde kommen. Jetzt gibt sie Lehren durch, und ihr könnt sie auch durch euren eigenen geistigen Kanal erreichen.

Alazaro ist, wie wir es nennen, vom Engelreich „übergetreten" und tritt jetzt in die Entfaltung oder Entwicklung ein, die sie sich verdient hat. Das soll nicht heißen, daß das Engelreich etwas Geringeres ist als das sich entwickelnde Bewußtsein. Es ist nur anders und hat andere Ziele. Alazaro wird jetzt hier auf der Erde gebraucht und hat deshalb in ihrer Hingabe ihren Anwendungsbereich innerhalb des Göttlichen geändert.

Alazaro wird euch helfen, die Ebene freien Fließens zu erreichen, mit deren Hilfe ihr das Wachstum der Quelle des Lichts für euch nutzen könnt. Und ich sage euch: „Paßt auf! Nutzt diese Gelegenheit!" Ihr könnt es natürlich auch selbst versuchen. Bitte tut das. Seht in eurer Meditation die Quelle des Lichts nachdenken, seht Sie lernen und in Einzelheiten gehen, die ihr jetzt noch nicht versteht, und wißt einfach, daß Sie einen kritischen Punkt in ihrem Verstehen erreicht hat. Benutzt euer eigenes freies Fließen zusammen mit dem freien Fließen der Quelle des Lichts, um zu lernen und zu erfassen, was hier und jetzt lautbar wird.